EWI

APOLIDI DELLA VERITÀ
Invito al coraggio del pensare

A cura di Giovanni P., Cristian L.

"Dalla scuola di guerra della vita, ciò che non mi uccide,
mi rende più forte."

(F. Nietzsche)

L'APOLIDE DELLA VERITÀ

Tra pro-vocazione e con-vocazione.

"Nell'Idea va riconosciuta la nostra vera patria."

J. Evola

Apolide è colui che, per circostanza o per scelta, non possiede cittadinanza alcuna. Per circostanza: perché abbandonata la terra d'origine, non possiede ancora la cittadinanza presso la destinazione. Per scelta: perché non riconosce l'ambiente in cui si trova a trascorrere l'esistenza, e non ne ha ancora trovato uno a cui legare la propria identità. Vi è poi chi compie una scelta ancora più radicale, rinunciando all'idea di cittadinanza in sé, ossia del focolare e del suolo come possibilità esistenziale.

Sul piano del pensiero si abitano ideologie. L'Apolide della Verità è colui che, nell'aspirazione all'autenticità, rinuncia alla propria patria ideologica e si mette in cammino. La Verità è una tensione ideale, non un possesso. Alla Verità ci si approssima, non è possibilità dell'uomo osservarla in pienezza e trasparenza. La Verità è, fintanto che si è umani e terrestri, una figura del limite. Colui che abbandona l'ideologia da cui proviene in vista della Verità, rinuncia a qualsiasi cittadinanza ideologica perché la terra agognata si staglia oltre qualsiasi confine. In altre parole, si abita una soglia, un non-luogo. Un'opportunità.

Non per tutti tale opzione è una scelta. Vi è chi, semplicemente, intuisce che qualsiasi ideologia è per definizione mortale. Perlomeno, tale consapevolezza matura in colui che intravede, come dietro un velo, una possibilità ulteriore che accende una sete inestinguibile. La nostra epoca è, da questo punto di vista, una maledizione e una grazia. Ci maledice con la visione del fallimento di tutti gli edifici umani d'idee. Ci benedice con il presagio che, dietro l'illusione, risieda la possibilità di una certezza infallibile. Dopo il Moderno, che culmina nella caduta dei propri assoluti, il Postmoderno ci stordisce con paesaggi onirici, con fuochi fatui e miraggi spettrali. Nella palude postmoderna l'ideologia si mostra infine per quello che è: uno strumento e una stampella al servizio della sopravvivenza. Senza orientarsi, infatti, l'uomo rischia di perdersi o, peggio ancora, la paralisi. Entrambe le possibilità culminano nella morte per inedia. L'ideologia è la bussola che permette di ordinare e interpretare lo spazio in cui si articola l'esistenza, che altrimenti risulterebbe muto e insignificante.

Tuttavia, il mezzo non può costituire il fine.

A lungo lo abbiamo creduto in epoche ingenue e speranzose; il Postmoderno ci ha infine scossi e destati con la potenza dei suoi acidi.

Si obbietterà con ragione: come può un uomo vivere senza ideologia? Ovviamente non è possibile. Nel circuito ermeneutico ogni posizione è situata ideologicamente. L'ideologia è l'occhio che permette la visione; senza occhi l'uomo è cieco. Eppure è accaduto che un momento storico peculiare abbia destato sensi sopiti di cui si ignorava l'esistenza. Capita dunque che l'uomo i cui occhi sono stati feriti, acquisisca, per così dire, una sensibilità altra, capace di guidarlo con la forza e l'evidenza dell'istinto. Costui non vivrà senza ideologia, ma dopo l'ideologia. Cercherà il chiarore in direzione contraria alle tenebre, verso una luminosità che indovina, sebbene non ne scorga la fonte. Su di lui le idee e gli *habitus mentis* acquisiti agiranno di sfondo a un'urgenza di luce più grande, che tanto lo porterà in prossimità della fonte, tanto incenerirà i vecchi costumi.

Le riflessioni che nutrono queste pagine, nascono dallo sforzo di non adagiarsi su schemi di pensiero prestabiliti e consolidati.

Sono un invito a violare gli steccati che ci siamo imposti scegliendo aree di riferimento, numi tutelari e autorità indiscutibili.

Sono un invito a scandalizzare il gusto personale, a tastare ciò che repelle, a forzare l'apparato digestivo e quello immunitario. A metterci alla prova, insomma, su un terreno insidioso, che è quello, appunto, della fine delle certezze.

Il nuovo millennio si è aperto su molteplici tentativi di raccogliere il precipitato – a destra e a sinistra – di ciò che la visione del mondo liberale ha espulso. Qui, destra e sinistra, sono da intendersi non come categorie politiche, ma come orientamenti metafisici ed esistenziali. Al fondo del crogiolo, le due sostanze ideologiche hanno svelato una quintessenza comune, un etere di disincanto che è divenuto la base di una nuova operazione alchemica. Se il soffiatore di vetro ha liquidato quella misteriosa sostanza come il tentativo spurio e meschino di amalgamare l'inassimilabile, l'iniziato vi ha intravisto, in potenza, la solidità della pietra e la luminosità dell'oro. Sostanza aeriforme che, per non disperdere la propria preziosa virtualità, necessita di essere fissata teoreticamente, in un'operazione che, in quanto sperimentale e agli esordi, produce ancora risultati instabili e transitori, tuttavia incoraggianti.

Il terreno su cui avviene l'incontro tra gli opposti vettori ideologici, il luogo che permette di oltrepassarli, non è quello di una improbabile sintesi di istanze e prospettive inconciliabili, ma dove è possibile rinvenire la loro origine comune, ossia la scaturigine primeva da cui sorge la condivisa e radicale opposizione all'attuale sistema valoriale e all'ordine vigente. È presso questa antica fonte che dimora e si abbevera l'Apolide della Verità. Senza una cittadinanza ideologica, per rinuncia o necessità, egli si incammina deciso in direzione del Sole, attraversando metropoli d'idee consunte e in rovina, tra cadaveri di finti maestri, presso vestigia di ciò che è stato ed è naturale non torni.

Poche cose reca con sé, solo l'essenziale. Egli, infatti, può essere definito anche come l'*uomo residuale*. L'espressione indica colui che è portatore di ciò che rimane dell'essere umano in senso proprio, dopo che l'epoca dell'umano ha ceduto il passo a quella dell'inumano. Egli è il custode di ciò che nell'uomo non può essere ulteriormente ridotto, il non negoziabile, quanto non può essere oggetto di compromesso, pena la perdita dell'umanità. È portatore, dunque, del pensiero forte, l'Idea, che non va confusa con alcuna ideologia sclerotizzata, la quale al necessario predilige l'accessorio, affezionata alla forma piuttosto che al principio. L'Idea è nell'uomo quel che per la terra è il Sole. Il cammino verso il Sole, ci rendiamo conto, coincide con la via che conduce al centro di sé.

Siamo certi che per molti questo ritratto risulterà fumoso e retorico, se non provocatorio. Ci si contesterà che l'abbandono dell'ideologia è ancora ideologia; che oltre la destra e la sinistra altro non vi è che una diversa declinazione delle due prospettive esistenziali, ancora a destra e ancora a sinistra; che anche la ricerca di un'alternativa, di una terza via, è già storia passata e ha fatto il proprio tempo come qualsiasi altro vettore ideologico. Può darsi. Eppure siamo certi che, a qualcuno, questo nostro discorso risulterà familiare e vi riscontrerà una certa comunità d'intenti, una solidarietà esistenziale e una attitudine che gli appartiene, un sentore di fraternità e cameratismo che sanno di notti all'addiaccio e di raminghi vagare in terre selvagge, senza una meta ma in direzione sicura. A loro il nostro appello, a loro queste note. All'audacia nel persistere del loro osare.

* * *

Si è scelto di non appesantire il testo con riferimenti bibliografici e apparato critico, in quanto la sua destinazione non è accademica ma militante. Tuttavia non possiamo esimerci dal citare le correnti culturali che ci hanno formato e influenzato, e che sono il denominatore comune del pensiero di coloro che hanno contribuito a quest'opera. Li ritroverete meditati, digeriti e rinnovati tra queste pagine, e dichiariamo senza remore che il messaggio che esprimiamo non ha pretesa di originalità, ma aspira semmai a testimoniare fedeltà all'intento di coloro che riconosciamo come eccellenze tra i portatori di un'istanza di Verità genuina, sincera e radicale. Tra questi, *in primis*, la scuola tradizionalista integrale, di lingua italiana, francese, tedesca e anglosassone. Molte pagine di questo libro sarebbero impensabili senza il contributo dei maestri della Rivoluzione Conservatrice tedesca e alla cosiddetta letteratura della crisi. Ci riconosciamo inoltre debitori sia al pensiero critico post-marxista che a quello strutturalista, se non nei presupposti ideologici che essi sottendono, negli strumenti ermeneutici, nei metodi d'analisi e nell'immane mole di dati ed elaborati che essi mettono a disposizione dell'indagine storico-sociologica non allineata. Infine, tra i contemporanei, attribuiamo grande valore al contributo del pensiero espresso nella Quarta Teoria Politica, il cui programma di sviluppo riteniamo la più importante e significativa sfida culturale del nuovo millennio. Tanto era dovuto.

All'opposto di quanto pensano

psichiatri, psicanalisti e "assistenti sociali",

data una società e una civiltà come le attuali e,

specialmente, come quella americana,

nel ribelle, in colui che non si adatta, nell'asociale,

è in via di principio da vedersi l'uomo sano.

In un mondo anormale i valori si capovolgono:

colui che appare anormale rispetto all'ambiente esistente

è probabile che sia proprio lui "normale".

J. Evola

RIFLESSIONI DIGITALI

Appunti di viaggio del 2023

1. A che punto siamo

Negli ultimi anni, abbiamo assistito impotenti all'accadere di alcuni drammatici avvenimenti: la cosiddetta pandemia, lo scoppio della guerra in Ucraina e il rinnovarsi della violenza in Medioriente.

L'unica chiave di interpretazione efficace di tali fenomeni è quella metapolitica di ampio respiro, che in essi vede i prodromi delle condizioni dell'instaurarsi di nuove forme di governo e di nuovi equilibri di potere, progressive tappe del processo di ristrutturazione dell'ordine globale.

Il *mainstream* si dà giornalmente da fare nell'illustrare il fenomeno per cui, i cosiddetti *no-vax,* si sarebbero riciclati prima come *putiniani* e poi come *filopalestinesi,* liquidando il tutto come l'ennesima espressione dell'ignoranza fascista dell'ambiente del dissenso. In realtà il tentativo del potere mal cela la volontà di screditare qualsiasi forma di comprensione unitaria dei fenomeni, cosa che palesa la comune regia e la natura tutt'altro che fortuita, imprevedibile e indesiderata, di guerre e pandemie. Specularmente, come la pandemia ha accelerato il processo di digitalizzazione, o meglio, della posa dell'infrastruttura del futuro controllo digitale, allo stesso modo la guerra in Ucraina ha enormemente incoraggiato la conversione dell'economia al modello *green,* il quale ha le proprie fondamenta nelle nuove politiche energetiche legittimate sulla base del presunto stato emergenziale dovuto al conflitto. Funzionale a questo processo è pure la rottura del precario equilibrio mediorientale, il quale tendeva progressivamente a un nuovo ordine di solidarietà economica e politica volta al multipolarismo e al superamento dell'egemonia occidentale.

Sul fronte italiano, i risultati delle scorse elezioni hanno mostrato, per l'ennesima volta, come qualsiasi partito, per poter accedere alla possibilità di governare, debba necessariamente conformarsi a dettati sovranazionali e alla logica del più bieco compromesso. Nel caso dell'attuale maggioranza italiana questo è stato ancor più palese, in quanto le garanzie e il patto di sudditanza sono stati richiesti preventivamente sulla base di previsioni e di meri sondaggi politici, prima ancora che sul risultato elettorale. Il centrodestra post-sovranista ha dovuto prima sposare atlantismo, europeismo e globalismo, per poi essere ammesso al governo sotto una costante minaccia di stigma ideologica ad ogni sospetto di sbandata o rigurgito d'orgoglio nazionale.

Le scorse elezioni hanno avuto, inoltre, l'indubbio merito di mostrare la vera natura del fronte del dissenso, che si è rivelato essere irriducibilmente disomogeneo e animato da lotte intestine e conflitti carsici, i quali alla prima occasione di confronto sono esplosi come un bubbone. Come è opportuno non stancarsi mai di ripetere, l'unità di un movimento può essere costruita solo sulla base di principi: è oggi palese a tutti, quanto le varie correnti che concorrono a dire no al Nuovo Ordine siano difformi e spesso inconciliabili.

2. Sani tra i folli

Viviamo in un mondo di urlatori. Ritagliarsi uno spazio per tentare di comprendere, scevri da isterismi e sovrastrutture, la multiforme e complessa realtà che ci circonda, è oggi sempre più un'impresa ardua e improbabile. I modelli proposti da istituzioni e media sono desolanti. Guitti prezzolati, in cerca di un quarto d'ora di gloria, si alternano a *vip* di cartapesta, che sentenziano su ogni materia senza soluzione di continuità. Sedicenti esperti, dall'alto dei loro troni posticci, fanno a gara a chi la spara più grossa. Imbrattatori professionisti e mentitori seriali continuano la loro opera di mistificazione e di criminalizzazione del dissenso, colorando con tratti farseschi dibattiti e discussioni ridotti a puerili scambi d'insulti o a beghe da cortile.

Districarsi tra le mangrovie e il fango del nostro tempo, restando il più possibile vivi, obbiettivi e puri di spirito, è sicuramente un percorso difficile ma necessario. Mantenersi in piedi tra le rovine richiede passione, coraggio, testa, cuore, lungimiranza. È un sentiero impervio e ricco di ostacoli che dobbiamo impegnarci a percorrere quotidianamente. Alle grida forsennate, al raglio di somaro, opporremo perciò la calma e la forza del ragionamento. Faremo fronte, con audacia e ostinazione, al fanatismo, alla propaganda, al letargo della ragione e del buonsenso. Non crediamo sia mai esistito un periodo storico in cui sia stato altrettanto faticoso essere portatori di una visione autonoma, senza subire etichette o essere relegati nell'angolo dei fenomeni da baraccone, privati della possibilità di manifestare dubbi rispetto alle opinioni dominanti, non esistendo praticamente più un dibattito e un orizzonte critico.

D'altronde questa è l'onda lunga del 2020, quando milioni di persone, all'apparenza normali, non trovarono nulla di strano nel mascherarsi per andare al bagno, nel salutarsi col gomito, nel poter andare a trovare un amico solo se *amico vero*.

Da quell'anno vale tutto.

Una porta si è chiusa alle nostre spalle, proiettandoci in una nuova, incerta realtà, che dobbiamo affrontare a schiena dritta. Dure prove ci attendono. Restare sani tra i folli, svegli tra i dormienti, impassibili agli scherni e all'ilarità di chi è imboccato e pensa di detenere ogni risposta in tasca. Mai temere la solitudine o il giudizio altrui.

3. Eravamo santi...

Eravamo santi, eroi, pensatori, poeti, navigatori. Creatori, eredi e custodi di una storia legislativa millenaria, madre di tutta la tradizione giuridica occidentale. Eravamo la culla della cultura europea, terra di bellezze architettoniche impareggiabili. Eravamo inventori, capaci di slanci produttivi eccezionali ed unici. Eravamo patria d'uomini eroici che facevano dell'azione e dell'audacia il proprio *modus vivendi,* esempio per il mondo e punto di riferimento nei secoli.

D'un tratto, però, sembriamo diventati dei buoni a nulla. Vendiamo i nostri gioielli industriali a fondi d'investimento stranieri, delocalizziamo, mortifichiamo e rendiamo precari a vita i nostri giovani, oramai carne da macello per il Dio Mercato. Siamo merce, specchio fedele di quello stereotipo d'italiano arruffone, servo scaltro, opportunista, buontempone, figlio dell'immagine propugnata dai nostri nuovi padroni nell'immediato dopoguerra, rilanciata senza pudore da pennivendoli, pseudo-artisti e intellettuali asserviti. Il nostro territorio è divenuto una mera meta turistica, da prendere d'assalto e deturpare con un'urbanizzazione sfrenata. Siamo una comunità che si crede incapace di essere artefice del proprio destino, che deve essere accompagnata per mano, mentre sorride, verso il baratro. Siamo italiani, e non più fieri di esserlo. Tenuti in gabbia da un'Europa di burocrati e di squali dell'alta finanza. Vittima sacrificale sull'altare del progresso scientifico, terra di conquista e d'avanguardia d'ogni più vile sperimentazione. Decimati, sterili, in via d'estinzione, pronti ad essere sostituiti. Controllati, minacciati, in costante degenza ed osservazione. Burattini senza fili nelle mani del Mangiafuoco di turno.

Abbiamo dimenticato il nostro passato, venduto il nostro presente, pregiudicato il nostro futuro, raso al suolo tradizioni e identità. Eppure, un tempo non troppo lontano, con pregi e difetti, esistevamo. Eravamo un popolo di santi, poeti, pensatori, eroi e navigatori.

4. «Vivere in pace»

Il mito del *vivere in pace* è un inganno. Per farlo, si crede, basta far finta che tutto vada bene, che basti dimenticare, che non ci siano conseguenze. Al contrario, si pensa che chi ha guadagnato un certo grado di consapevolezza dei tempi non sia più capace di godersi una serata con gli amici, una passeggiata, un tramonto, un camino acceso, la bellezza dei figli, una chiacchierata con un fratello, un bel film, un buon bicchiere di vino.

Nel falso mito di coloro che affermano il *vogliamo vivere in pace*, chi rifiuta la menzogna è immaginato come un arrabbiato con il mondo intero. Eppure la realtà è che la consapevolezza dell'epoca in cui siamo chiamati a vivere fa gustare con più profondità l'amicizia, il tempo con le persone care, la bellezza, la vita spirituale. Porta ad evitare discussioni inutili, conoscenze superficiali, maniere di facciata, ipocrisie, il tempo buttato e il suo logorio, l'inutile chiacchiericcio. Tutto ha un suono e un colore diverso. Le priorità si rimettono in fila. Il silenzio, la lentezza, l'incontro tra anime affini scandiscono le giornate.

Ci schieriamo idealmente in una posizione simmetricamente lontana tanto dai sostenitori del contemporaneo, quanto da chi spera che sia possibile invertire il corso della storia, il quale ha invece una direzione ben precisa che, pur ripetendosi, non è mai uguale a se stessa. È ingenuo d'altronde plaudere ad ogni innovazione del mondo moderno, emuli di un già superato positivismo, così come lo scagliarvicisi contro aprioristicamente.

La cosa più ragionevole da fare, l'unica realistica e sensata, è quella di vivere come uomini del proprio tempo, restando consapevoli di non appartenere ad alcun tempo.

5. Osservazioni quotidiane in era digitale

Passeggiando per le vie cittadine si possono osservare dinamiche molto indicative dello stato attuale della nostra società.

Innanzitutto bimbi piccoli, di pochi mesi, nei passeggini, totalmente assorti dagli *smartphone* che tengono in mano.

E genitori, a loro volta distratti dai cellulari, incapaci ormai di comunicare, mentre figli un po' più grandi corrono a vuoto per le strade in cerca di attenzioni che non riceveranno.

Che dire poi degli adolescenti, riuniti in branco, in cerca di indipendenza dallo squallido mondo dei *millenials* e dei *boomers*? Le movenze, il linguaggio, l'abbigliamento e i gesti, non sono altro che l'emulazione di mode grottesche e incomprensibili. E *selfie*, tanti *selfie*, con storie sui *social* in continuo aggiornamento, mentre la vita scorre.

Infine anziani, con quello sguardo perso, un po' malinconico, che vagano spaesati in un mondo che evidentemente non riconoscono più.

Tutte queste sono immagini significative che rappresentano l'essenza profonda dei tempi in cui stiamo vivendo.

Il genere di vita che possiamo osservare quotidianamente appare improntato esclusivamente allo *svago:* il *divertimento* a tutti i costi, il *fare* ossessivo, il dinamismo esasperato, sembrano aver soppiantato definitivamente, in tutto e per tutto, cultura, riflessione e introspezione. Il modello imposto è quello di un uomo in perenne attività, teso, affannato, alla costante ricerca, come un folle rabdomante, di una fonte d'intrattenimento che non lo faccia sentir solo, escluso, annoiato. Questi ritmi forsennati, sciorinati come modelli vincenti, tendono ad annullare, quasi nella totalità, il tempo sacro che ognuno di noi dovrebbe dedicare a pensare, a nutrire mente e spirito, a riordinare le idee, a leggere, a coltivare quella buona solitudine tanto criminalizzata nell'era digitale, dove l'apparenza e l'alimentazione esasperata del proprio ego virtuale appaiono indispensabili per vivere degnamente.

Questo tempo qualitativo – questa dimensione profonda e meditativa dell'esistenza – erroneamente etichettato come misantropia, non è altro che una forma di riscoperta di sé. Divertimento, svago, rapporti umani, sono chiaramente essenziali, ma devono essere intrisi di realtà e sincerità, scrostati dalla superficialità tipica del nostro tempo, non degenerando, come sistematicamente accade, in una nevrosi tale che ne pregiudichi i benefici. Comprendere tutto questo è di estrema importanza: una scelta imprescindibile per ritrovare se stessi e per cogliere quegli squarci di luce inaspettati che sovente albergano laddove meno li si attende.

"Voi mi chiedete che cosa convenga fare. La risposta è semplice. Che voi possiate o non possiate influenzare i segni del cielo, voi certamente potete influenzare i segni dei tempi. Che voi possiate o non possiate far tornare lo splendore del sole, voi potete certamente tornare in possesso della vostra gioia e della vostra onestà. Forse non sarete in grado di dire ai venti: «Pace: fermatevi», ma potete mettere un freno all'insolenza delle vostre labbra e al tumultuare delle vostre passioni. E fare tutto questo sarebbe cosa sommamente buona, anche se dovesse spuntare il giorno in cui il sole fosse diventato come tenebra, e la luna come sangue."

J. Ruskin

6. Parole..

Parlano, con lacrime di coccodrillo, di occupazione e precariato, non avendo lavorato un solo giorno in vita loro. Ciarlano di pace, firmando decreti su decreti per inviare armi. Disquisiscono, con il cuore a pezzi, di povertà, di *ultimi*, di integrazione, dall'alto dei loro attici, davanti a ricchi buffet istituzionali, nei quartieri buoni del centro della città. Istruiscono il popolo sul significato di libertà e democrazia, dopo aver compresso oltremisura i diritti fondamentali, istituito un lasciapassare per vivere, governato a colpi di DPCM e cristallizzato l'emergenza nel dettato costituzionale. Dicono di voler ridurre, con decisioni drastiche prese sulla nostra pelle, le emissioni di CO_2, di riciclare, risparmiare, comperare auto elettriche, cuocere la pasta a fuoco spento, spegnere il termosifone in inverno o il condizionatore per combattere l'afa d'estate. Eppure viaggiano da una parte all'altra del mondo su aerei privati pagati dai contribuenti, partecipando ad eventi comportanti un altissimo spreco energetico, in cui a nessuno importa nulla dell'impatto ambientale.

Cantano *Bella ciao*, blaterano di antifascismo, difendono la causa LGBT, ma non battono ciglio se le imprese delocalizzano o chiudono per i pesanti rincari, se le multinazionali divorano le piccole realtà imprenditoriali, se la finanza fagocita la politica, se un operaio perde il posto e una famiglia fatica ad arrivare a fine mese. Parlano della scuola, della sua importanza, della necessità di riforme programmatiche e strutturali, dopo averla trasformata in terreno di sperimentazione per ogni genere di nefandezza, in megafono della propaganda, mentre i loro figli frequentano prestigiosi istituti privati. Parlano di cure e salute, avendo tagliato per anni i fondi necessari alla sanità pubblica, sacrificando tutto per il dogma del pareggio di bilancio, per lo *spread* che saliva, mentre a loro disposizione hanno eleganti cliniche private con annesso ogni tipo di comfort.

E voi, davvero, ancora gli credete?

7. Riprendersi il tempo

Sovente lo specchio è impietoso. Una ruga più marcata, le occhiaie più profonde, un capello bianco laddove, appena ieri, non c'era. Ma non è questo, in realtà, ciò a cui dovremmo prestare più attenzione.

Osservando a fondo la nostra immagine riflessa, infatti, i nostri occhi appaiono talvolta spenti. Scavati, vitrei, privi di slancio, affaticati oltremisura da ritmi forsennati, impegni gravosi, giornate che sembrano corte e al contempo interminabili. Non osserviamo più quel che ci circonda. Tutto appare meccanico, preconfezionato, organizzato da altri, annegato in una coltre nebbiosa che tentiamo invano di afferrare, di far nostra, che ci disorienta mentre anneghiamo nella sua tragica tranquillità, che ci conduce, come banchi di pesci trainati dalla corrente, nella letargia più completa dell'anima. Nulla sembra farci più effetto, niente pare emozionarci o stupirci, eppure la vera bellezza, la più squarciante meraviglia è spesso lì, a portata di mano. È fondamentale perciò, tra i miasmi del mondo moderno, ritrovare noi stessi, ritornare agli affetti, viaggiando magari a velocità ridotta, riscoprendo l'*otium* caro ai nostri avi, ricercando lo straordinario nel quotidiano, depurandoci, il più possibile, dalle tossine di un sistema che pretende tutto e restituisce pochissimo, che ci spinge ad essere monadi isolate, inchiodate ad un alienante metaverso, che toglie aria pulita e mette sottovuoto la nostra esistenza.

Rimpossessarsi del nostro tempo è, oggi, un atto rivoluzionario.

Deve essere, a tutti i costi, un obiettivo essenziale, un imperativo categorico da mettere immediatamente in atto, una tappa obbligata per non smettere di crescere e mantenersi vivi tra i morti. Non c'è, realmente, lusso più grande che potremmo concederci.

L'AVANZATA DELL' INUMANO

1. Origine dell'ideologia antiumana

Uno degli eventi principali e caratterizzanti della Postmodernità è l'attacco portato dall'inumano all'umano. L'avanzata dell'inumano è possibile a partire dalla perdita del concetto tradizionale di uomo. Essa dà luogo al sorgere di un'ideologia antiumana che ha molteplici espressioni, le quali hanno in comune varie forme di riduzionismo che nascondono, dietro una maschera razionale e pseudoscientifica, moventi emotivi caratteristici di un'umanità decaduta.

Non crediamo di esagerare affermando che il tratto caratteristico della Postmodernità sia il conflitto tra l'umano e l'inumano, per la sopravvivenza del primo o l'egemonia del secondo. L'elemento umano, che nei millenni della storia che ci precedono non è mai stato messo in discussione, si trova ora a dover resistere all'attacco di forze il cui comune denominatore è appunto l'essere ontologicamente la sua negazione, e il cui movente è la di lui sopraffazione. Per la prima volta in una vicenda plurimillenaria l'essere umano rischia di non essere più il protagonista della storia; altri soggetti non umani potrebbero determinare gli eventi secondo dinamiche che lo vedono come un puro supporto dei propri scopi.

Per la prima volta assistiamo alla paradossale possibilità di una storia postumana e antiumana.

Una definizione dell'inumano, è evidente, non può prescindere da una riflessione sull'umano, essendo il primo, come dice il nome, null'altro che ciò che non è il secondo, la sua pura latitanza. Ribadiremo dunque, come fatto spesso in precedenza, la concezione tradizionale dell'uomo a cui facciamo riferimento, ossia il suo ruolo pontificale. L'uomo è il ponte tra la terra e il cielo, tra la sfera materiale e quella spirituale. Se tutti conveniamo su ciò che è definito il piano materiale, ossia la realtà tangibile e mondana, più complesso ai nostri giorni è concordare su un'univoca definizione di realtà spirituale. In genere, infatti, si definisce spirituale ciò che appartiene ai prolungamenti sottili e psichici dell'essere umano, che invece sono ancora parte del piano materiale e corporeo, seppur meno densi.

Dell'autentica spiritualità, ossia di quella dimensione sovraindividuale che non partecipa del tempo e dell'estensione, e che, essendo sovrasensibile, non può essere descritta dal nostro linguaggio che per via simbolica, analogica o in forma negativa, da tempo l'Occidente sembra aver perso qualsiasi nozione.

Non ci soffermeremo qui su un tema tanto vasto; basti affermare che proprio la perdita dell'idea della specificità umana, ossia di ciò che rende l'uomo qualcosa di unico nell'universo, è stata resa possibile proprio dall'oblio della nozione di spirito, nozione che una volta persa non ha più permesso la distinzione dell'essere umano da qualsiasi altro elemento di natura. L'idea di essere umano, in assenza di un'adeguata nozione di spirito, dal punto di vista tradizionale non può essere formulata. Allo stesso modo, l'idea tradizionale di essere umano, senza un'adeguata nozione di spirito, non può essere compresa. Questo è probabilmente il motivo dell'incomparabilità di antropologia tradizionale e antropologia moderna: le due si riferiscono a concezioni di uomo radicalmente distinte e irriducibili e perciò intraducibili e incomunicabili nei reciproci orizzonti.

L'avanzata dell'inumano è resa possibile da un'ideologia essenzialmente antiumana, ossia che nega la specificità dell'uomo e ciò che propriamente definisce l'umanità, riducendo l'elemento umano al puro piano materiale o a un suo surrogato. Il fatto che si riconoscano all'uomo prolungamenti psichici, più o meno estesi, non permette di differenziare qualitativamente quest'ultimo dall'animale o dal vegetale – secondo alcuni nemmeno dal minerale – essendo anche queste realtà dotate di diversi gradi di psichismo. L'uomo mutilato della dimensione spirituale è dunque un particolare tipo di animale a cui si è disposti a riconoscere caratteristiche più o meno raffinate – *evolute*, si direbbe in biologia – ma sostanzialmente non diverse da un punto di vista qualitativo da quelle di un qualsiasi mammifero. Da questo punto di vista sono da considerarsi ideologie antiumane ogni forma di riduzionismo biologista, evoluzionismo *in primis*, fino arrivare a quelle forme di animalismo radicale così diffuse oggi, le quali vorrebbero l'animale, incapace del male morale a differenza dell'essere umano, superiore e preferibile all'uomo. A conti fatti si tratta di diversi approcci, di natura essenzialmente emotiva, alla medesima questione. Ad esempio, l'evoluzionismo biologico, sebbene apparentemente esplicativo e convincente nelle sue varie narrazioni divulgative, non è una teoria scientifica e, dal punto di vista epistemologico, non potrà mai esserla. Eppure nel tempo ha ricevuto ampi consensi, al punto da divenire un'ideologia dominante ed imposta. Questo è avvenuto in quanto essa sembra aver appagato provvisoriamente – nel senso che si tratta di un argomento già ampiamente logoro – sia il desiderio di eliminare qualsiasi richiamo alla trascendenza nella rappresentazione dell'uomo e della natura, che quello di porre l'uomo al vertice del processo evolutivo, così come l'Occidente aveva posto se stesso, all'alba della Modernità, al vertice del processo storico.

Non diversa è la radice emotiva dell'ideologia animalista radicale, la quale può essere definita una sorta di regressione psicopatologica della cultura. In essa l'uomo, concependo se stesso come animale senza tuttavia poter negare le sue evidenti funzioni superiori ed esclusive, abdica da una parte alla propria responsabilità morale dichiarando tali possibilità inferiori all'innocenza pre-morale della natura, e dall'altra dichiara l'essere umano il fondo del regno vivente non essendo all'altezza di ideali che la natura in sé non possiede e pertanto non è chiamata a realizzare. In altre parole, l'animalismo radicale dichiara l'uomo inferiore all'animale perché di fatto cattivo, secondo un modello morale che la natura non è chiamata ad assolvere. Qui è evidente il paralogismo: o la responsabilità morale esiste, e l'uomo essendone portatore non è un animale visto che la natura non conosce morale, oppure la responsabilità morale non esiste, ma allora l'uomo non può essere inferiore agli animali in quanto viene meno il fattore che lo declassa. A travestirsi maldestramente da argomento razionale è, in questa occasione, un impulso misantropico e nichilista che è alimentato dallo spettacolo avvilente dell'umanità odierna, in assenza di un modello storico-antropologico efficace nell'esplicare e nel rendere ragione di tale caduta. Vediamo dunque in opera, in tale spettro ideologico, sia la superbia e l'arroganza di una civiltà che considera se stessa e la propria cultura il vertice della storia, sia l'odio e il rancore dell'uomo verso l'uomo per aver mancato alle proprie prerogative umane.

Potremmo infine citare, come esempi di ideologia antiumana, varie forme di riduzionismo offerte dalle neuroscienze, dalla psichiatria, dalla psicologia, dalle scienze sociali, le quali offrono un ampio ventaglio di possibilità che vanno, agli estremi, dal materialismo radicale a forme – ci si passi l'espressione – di nebuloso spiritualismo in assenza di spirito, ossia di quel fenomeno sinistro che chiamiamo neospiritualismo. Ci limitiamo qui ad accennarvi appena al fine di dare un'idea di quanto sia estesa e pervasiva nella nostra epoca e nella nostra cultura la presenza di quell'ideologia antiumana la quale, nelle sue molteplici espressioni, è condizione di possibilità dell'avanzata dell'inumano concreto, attivo e operante, oggetto delle successive riflessioni.

2. Tecnica ed economia: l'inumano operante

L'attacco dell'inumano è portato nel nostro tempo essenzialmente da tecnica ed economia, forze da sempre al servizio dell'uomo, le quali nella Modernità, non più contenute e controllate dalla cornice tradizionale, divengono potenze autonome e interconnesse che perseguono se stesse e la propria egemonia come fine ultimo. Tale quadro è reso possibile da un processo di astrazione tipicamente moderno, per cui l'uomo è ridotto alla sola dimensione fisica e materiale, a dispetto della concreta – e tipicamente umana – esperienza di trascendenza, di cui da sempre le civiltà serbano memoria e consapevolezza.

Tecnica ed economia sono le due fondamentali espressioni dell'aggressione dell'inumano nella nostra epoca. Si obbietterà che tecnica ed economia siano nate con l'uomo e la società e con esse abbiano da sempre convissuto. Questo è senz'altro vero, come è vero che da sempre l'uomo convive pacificamente e in modo proficuo con molteplici forme dell'inumano rese innocue e controllate dalla cornice tradizionale dell'esistenza. Al contrario, tecnica ed economia nella nostra epoca non convivono con l'uomo, che ha abdicato da tempo al loro controllo dopo averle letteralmente scatenate contro di sé, ma esse tendono a sopraffarlo, divenendo se stesse il proprio fine e l'uomo il mezzo mediante cui realizzare un'incontrastata egemonia.

Tecnica ed economia sono potenze autonome eppure strettamente interconnesse, al punto che, a seconda della prospettiva che si scelga, esse appariranno essere una effetto e strumento dell'altra. Così l'economia può essere interpretata come il mezzo mediante cui la tecnica sostiene e finanzia il proprio sviluppo e dispiegamento, e la tecnica può essere intesa come l'apparato di produzione di beni e servizi mediante il cui scambio e la cui distribuzione si regge e alimenta il sistema economico.

Rinunciamo qui a rendere conto della meditazione sull'essenza della tecnica e dell'economia così come questa si è sviluppata nel corso del pensiero occidentale, in particolare novecentesco. Nell'accezione comune per tecnica si intende l'insieme di conoscenze e metodi che presiedono all'ottimizzazione o allo sviluppo dell'attività umana, sia essa intesa alla produzione di artefatti o all'esercizio di singole e particolari facoltà.

Sono tecnica sia la ruota, sia le possibilità e i metodi di spostamento che essa mette a disposizione dell'uomo, in natura vincolati alla sua capacità di correre e camminare. Allo stesso modo è tecnica il cannocchiale che permette di amplificare le possibilità di visione umana, di norma vincolate ai limiti dell'occhio, e sono tecnica tutte le possibili applicazioni dell'utilizzo del cannocchiale e delle lenti che la scienza ottica rende oggi disponibili.

L'economia è, invece, comunemente intesa come il complesso delle risorse materiali e della loro gestione razionale, secondo le finalità che ogni società o civiltà si prefigge in base alla propria visione del mondo e al proprio sistema di valori. Per inciso, è un errore pensare che ogni società abbia organizzato, come la nostra, la propria economia intorno ai princìpi della crescita materiale e dell'ottimizzazione del profitto: sono esistite civiltà in cui l'economia era intesa alla sussistenza e al puro mantenimento delle risorse, essendo queste ultime concepite come la base materiale su cui organizzare un'esistenza che non aveva finalità meramente materiali, e in ogni caso tali società erano disposte a sacrificare o dissipare ampiamente le risorse di cui disponevano in vista di obbiettivi ideali diversi dall'accumulo e dalla moltiplicazione di beni.

Allo stesso modo sono note civiltà in cui l'avanzamento della soglia tecnologica non era avvertito come un progresso né incoraggiato, ma anzi era guardato con sospetto e trattato con estrema cautela, ravvisando in esso rischi per l'equilibrio dell'ecosistema sociale e spirituale in cui si viveva. Tecnica ed economia, come si vede, sono due potenze al servizio della materia e del fare. Certo, in esse sono presupposti dei momenti teorici, razionali e progettuali, ma essi sono subordinati e vincolati a finalità pratiche e materiali. La scienza moderna, così come si configura nel nostro tempo, è un momento della tecnica e dell'economia e non viceversa; sfidiamo chiunque a dimostrare l'indipendenza da interessi materiali e pratici del nostro sistema di ricerca e di trasmissione del sapere. Rispetto alle epoche tradizionali, in cui l'indipendenza della conoscenza aveva il primato nella gerarchia dei valori, si assiste a partire dalla Modernità all'inversione della gerarchia del sapere, per cui la conoscenza più importante è considerata quella utile, ossia quella più interessata e compromessa dalla sfera pratica e materiale. Questo è l'esito dell'abolizione di qualsiasi dimensione trascendente tipica del processo di dissoluzione dell'orizzonte tradizionale: solo una società interamente orizzontale e improntata a meri valori materiali poteva elaborare un tale modello di conoscenza, perfettamente omogeneo a una visione antiumana dell'uomo.

L'intelligenza, concepita prima della Modernità come facoltà eminentemente intellettuale/contemplativa, viene progressivamente ridotta a ragione, ossia a elaborazione funzionale e strumentale di dati provenienti dalla sensibilità. L'intero edificio della conoscenza moderna poggia su questo presupposto che è essenzialmente antiumano, ossia negante quanto è specifico dell'uomo in senso tradizionale.

Molti pensano che le varie forme di riduzionismo materialista nascano da esigenze di realismo e concretezza. Si approderebbe a una concezione meramente materiale della realtà e al suo correlato gnoseologico, ossia l'empirismo sperimentale, per sottrazione di tutta la zavorra ideologica tradizionale che sommava alla realtà sensibile, quindi oggetto di esperienza, mondi e dimensioni inesistenti, utili esclusivamente a soddisfare un'esigenza causale ed esplicativa che strumenti razionali primitivi ed inefficaci erano incapaci di assolvere. In realtà è proprio il riduzionismo a nutrirsi di astrazione ed ideologia. Esso infatti pretende di isolare dall'esperienza concreta dell'essere umano il solo orizzonte sensibile e, a partire da questo, risolvere in esso la totalità del reale.

Per dimostrare quanto questo punto di vista sia astratto, basti osservare come la nostra esperienza concreta sia intrisa di elementi irriducibili al piano materiale. Rimanendo ai livelli più bassi, ossia senza ricorrere a forme ben documentate di esperienza e sensibilità non materiali comuni nell'antichità ma desuete per l'uomo moderno, lo stesso fenomeno della sensibilità fisica ed ordinaria appare trascendere il piano materiale. Ad esempio, quale elemento del fenomeno che chiamiamo visione può essere considerato materia? Esso è reso possibile dall'occhio, che è un organo corporeo, ma la percezione sensibile che accoglie, tra le altre possibilità, la visione del mondo materiale, può essere considerata a sua volta parte di quel mondo? Ne condivide proprietà e caratteristiche, oppure risulta esserne profondamente disomogenea? La coscienza individuale, che contiene l'esperienza sensibile, può essere considerata una parte dell'universo fisico? Oppure quest'ultimo è, in qualche modo, contenuto in essa, e quindi trasceso, presupponendo qualsiasi esperienza sensibile una coscienza che ne sia consapevole? Il riduzionismo ha trovato come unica soluzione quella di postulare o l'inesistenza della coscienza – affermazione paradossale e ovviamente smentita dell'esperienza stessa di chi la pronuncia – oppure di ipotizzare proprietà non materiali della materia – ossia il ricorrere ad una tautologia dell'argomento che si intenderebbe negare.

Tutta l'esperienza moderna appare viziata da questo originario peccato di astrazione. Esso ha preparato il campo all'avanzata dell'inumano minando la consapevolezza della concreta esperienza del trascendente. L'uomo è stato educato a non riconoscere più nessuna delle sue possibilità di esperienza e sensibilità non materiali, e quindi ideologicamente a disconoscerle, precludendone così l'occorrenza e favorendo l'atrofizzazione dei rispettivi organi preposti, i quali nell'uomo moderno, a causa di secoli di inutilizzo e conformemente a particolari esigenze cicliche, versano in uno stato di pura latenza o virtualità. La dimensione astratta dell'inumano è smascherata platealmente da due espressioni centrali delle potenze tecniche ed economiche: la digitalizzazione, che prelude alla costruzione di un mondo puramente virtuale e sostitutivo della realtà umana effettivamente vissuta ed esperita, e la finanza avanzata, la quale non ha più relazioni con il mondo solido e tangibile dei beni e delle risorse.

3. Disumano e transumano

L'attacco dell'inumano è reso possibile da un'infrastruttura ideologica che riduce l'uomo al puro piano materiale, in cui è affine tanto all'animale che alla macchina. Sulla base di questo presupposto, l'economia e la tecnica possono utilizzare l'uomo come strumento in vista delle proprie finalità. L'uomo-animale e l'uomo-macchina, realtà omogenee e intercambiabili, sono il perfetto sostegno dei due aspetti dell'asservimento dell'uomo all'inumano, ossia il disumano e il transumano.

Raccogliendo le fila di quanto esposto nelle precedenti trattazioni, la nostra epoca risulta caratterizzata dall'aggressione dell'elemento inumano ai danni dell'uomo e della società. Tale elemento, che da sempre convive con l'uomo e in molte sue espressioni dall'uomo stesso creato o evocato per fini strumentali, solo a partire dalla Modernità, in conseguenza di alcune specifiche caratteristiche ed assunzioni di questa, è potuto sfuggire al controllo dell'uomo e perseguire se stesso e la propria affermazione come unica finalità. Questo è stato reso possibile innanzitutto dal diffondersi di un'ideologia antiumana, tipicamente moderna, che dichiarava l'uomo null'altro che un animale tra gli altri, in una visione materialistica e meccanicistica propedeutica all'applicazione di varie forme di riduzionismo scientista, culminanti in un modello della realtà meramente orizzontale e privo di qualsiasi richiamo alla trascendenza. Qui, in particolare due espressioni dell'inumano hanno preso il sopravvento: la tecnica e l'economia.

Vogliamo sottolineare come, senza la riduzione dell'umano al semplice sostrato materiale, l'attacco di tecnica ed economia non sarebbe stato possibile. Soltanto dopo aver rinchiuso se stesso nella gabbia della pura materialità, rinunciando a riconoscersi qualsiasi forma di prolungamento sottile e trascendente, l'uomo ha iniziato a modulare aspettative, progettualità, ambizioni e speranze in direzione puramente orizzontale. In una visione della realtà verticale, il mondo materiale è subordinato alla sfera dei princìpi e dello spirito; l'opera umana – individuale, sociale e storica – è quindi tesa a ordinare e dirigere il mondo conformemente e in direzione di ciò che lo oltrepassa, lo precede e lo sostiene. Economia e tecnica sarebbero dunque normalmente strumentali all'elevazione dell'uomo e della società in direzione di finalità e moventi sovrannaturali. Solo quando nulla precede o sovrasta più il mondo, le potenze del mondo possono prevalere e reclamare l'egemonia.

Se nell'orizzonte tradizionale tecnica ed economia sono strumenti dell'uomo, a partire dalla Modernità è l'uomo a divenire strumento delle prime. Esse possono servirsi esclusivamente dell'animale o della macchina umana; l'uomo espressione della trascendenza e consapevole del suo ruolo pontificale non può essere schiavo di nessuna potenza mondana. Egli è sovrano, pastore e custode del mondo, non una sua vittima. Pertanto l'asservimento dell'uomo da parte di tecnica ed economia seguirà essenzialmente due direttrici solo apparentemente antitetiche, ma in realtà perfettamente concordi e solidali: la prima verte al disumano, la seconda al transumano.

Vorremmo ricordare che, come abbiamo affermato in precedenza, tecnica ed economia nel presente sono talmente interconnesse che per isolarne delle caratteristiche specifiche è necessario ricorrere a un deciso sforzo di astrazione. Allo stesso modo il disumano e il transumano, sebbene siano vettori riconducibili il primo all'economia e il secondo alla tecnica, sono di fatto strettamente interdipendenti. In altre parole, non vi è disumanizzazione che non sia transumanizzazione, e viceversa. In un mondo in cui l'uomo è ridotto alla pura sfera materiale – in questo consiste la disumanizzazione, ossia nel privare l'umano di ciò che è propriamente umano – il presunto oltrepassamento della sfera umana può avvenire solo verso il basso, in direzione di una disumanizzazione ancora più radicale, ossia nel potenziamento indefinito delle caratteristiche di tale materialità animale.

L'uomo di cui si serve l'economia è l'uomo ridotto a pura forza lavoro – *risorsa* nell'odierno linguaggio economico – il quale è da una parte il supporto del processo economico in quanto produttore dei beni di consumo, e dall'altra il terminale del processo medesimo, in quanto consumatore di quei beni che egli ha prodotto e si è accaparrato mediante ciò che ha guadagnato dall'attività della loro produzione. Egli svolge inoltre la funzione di organizzatore del processo di produzione e consumo; tuttavia non secondo un apporto creativo, ma secondo logiche di tipo economico, che tanto egli saprà individuare, interpretare ed assecondare, tanto favoriranno l'economia stessa e le sue dinamiche.

Non entriamo qui nel merito di analisi puntuali: basta dire che questi tre ruoli o funzioni si riscontrano in qualsiasi livello del processo economico moderno, dalla prestazione retribuita del più elementare servizio di base alle forme più smaterializzate della finanza speculativa.

Si noti la ricorsività del processo, la quale dimostra come il fine dell'economia sia la propria sussistenza e sviluppo, e l'uomo null'altro che il mezzo di tale finalità.

Il processo economico, secondo questo modello, scorre sopra l'uomo e la sua iniziativa: l'uomo è l'ingranaggio neutro e trasparente – e tanto più neutro e trasparente, tanto più efficace – di un meccanismo a cui è chiamato a collaborare sotto forma di carburante e lubrificante. L'uomo economico è tanto uomo-animale che uomo-macchina: tanto mulo da soma e vacca all'ingrasso che ingranaggio e calcolatore.

La tecnica, invece, nata per ovviare ai limiti fisici costitutivi dell'essere umano, lasciata a se stessa, si manifesta come pura volontà di potenza. L'*hybris* della tecnica si scatena quando l'uomo, non avendo più una nozione di trascendenza, concepisce il proprio potenziale e la propria realizzazione in termini puramente materiali e quantitativi. Naturalmente, non essendoci più una chiara distinzione che delimiti i confini dell'umano da quelli dell'inumano, l'uomo può utilizzare ogni mezzo a disposizione per spostare innanzi il proprio limite, scambiando tale spostamento per una sua illusoria abolizione. La via offerta dalla transumanizzazione tecnologica, date queste premesse, appare di una semplicità e coerenza disarmanti: se consente all'uomo il superamento della propria finitezza, essendo integralmente omogeneo al mondo materiale, egli può ibridarsi tanto con l'animale che con la macchina.

Può essere, secondo la medesima logica, oggetto degli stessi trattamenti zootecnici riservati all'animale, nonché dei processi di ingegnerizzazione, riciclo e obsolescenza programmata tipici del macchinismo. Questo è l'esito necessario della visione riduzionista di cui abbiamo parlato in precedenza: se l'uomo è ridotto al piano corporeo animale, e il corpo è assimilabile nella sua sostanza e nelle sue funzioni a una macchina, a fronte dell'obbiettivo di miglioramento e sviluppo del proprio potenziale, nulla osta al programma di ibridazione se questo può portare vantaggi evidenti e non acquisibili altrimenti. Tuttavia non vi può essere pace e appagamento in questa direzione, in quanto ogni sviluppo materiale, conformemente alle proprietà del mondo fisico, può essere costantemente aumentato senza mai giungere a una qualche forma di compimento o perfezione. Lo sviluppo quantitativo segue infatti la progressione numerica, la quale ha uno sviluppo potenzialmente indefinito. L'ibrido uomo-macchina non supera la condizione umana: semplicemente la inchioda al piano fisico e la abbassa a livello subumano.

L'identità di disumanizzazione e transumanizzazione è qui evidente. Dal punto di vista tradizionale il transumano è il disumano, in quanto nel suo tentativo di superare i limiti umani riduce e condanna l'uomo alle sue dimensioni inferiori senza offrirgli alcuna via reale di uscita dalla finitezza. Allo stesso modo il disumano è il transumano perché la riduzione dell'uomo a sostegno, materia e terminale del processo di produzione e consumo offre sì una via di uscita dalla vera condizione umana, ma in direzione dell'abbassamento e del degrado.

4. La scelta originaria

Non esiste nessun argomento razionale, logico o scientifico che possa dirimere in maniera definitiva la questione che riguarda la natura immanente o trascendente dell'essere umano. La scelta per una posizione o per l'altra risiede nell'essenza dell'uomo che la compie, atto che un antico mitologema rappresenta come un evento prenatale decisivo, con cui l'uomo determina se stesso prima di esistere. Il dibattito è dunque riflesso di un originario confronto tra distinte sostanze umane che da sempre anima la storia delle civiltà, tra tensione ideale e caduta.

Nella controversia tra coloro che sostengono che l'essere umano sia un semplice animale tra gli altri, ossia lo confinano alla pura esistenza fisica e sensibile, e coloro che ne affermano invece una natura unica e irripetibile nell'universo, riconoscendogli uno statuto ontologico peculiare e un ruolo nell'ordine delle cose irriducibile e caratterizzante, non vi è in realtà nessun argomento razionale, logico o scientifico che possa dirimere la questione in modo definitivo e incontestabile.

I primi sosterranno, ad esempio, che fenomeni come la coscienza, il linguaggio e la razionalità non sarebbero specificamente umani, ma apparterrebbero, a gradi diversi e in modo non qualitativamente distinto, anche ad altri organismi viventi. Oppure che la visione scientifica moderna e contemporanea permetterebbe di superare un'idea dell'uomo egocentrica ed esclusivista tipica

dell'infanzia del mondo, sbarazzandosi così di tutta la zavorra ideologica, metafisica e religiosa, che la scimmia pensante avrebbe escogitato *illo tempore* per darsi risposte a questioni che non sapeva risolvere, o per giustificare il suo ruolo di predominio sui simili e nella natura. O, infine, che la visione biologico-evoluzionistica stabilirebbe, senza soluzione di continuità, una diretta discendenza dell'uomo da organismi diversi, fornendo una chiave di interpretazione adeguata anche dei fenomeni culturali e delle strategie simboliche a cui l'uomo avrebbe fatto ricorso, oltre alle proprie doti fisiche, nella battaglia per la selezione e la sopravvivenza della specie.

Vi sarà poi, sulla linea di chi nega la trascendenza umana, chi accuserà l'uomo di essere inferiore all'animale secondo parametri che variano in base a sensibilità e gusti personali. Si sosterrà ad esempio che l'uomo sarebbe inferiore fisicamente al resto dei viventi perché per sopravvivere, dovendo ricorrere a tecnica e cultura, "barerebbe" nella lotta per la selezione della specie. Oppure che l'uomo sarebbe capace e responsabile di male morale, avendo egli elaborato un sistema di valori che viola sistematicamente, laddove l'animale, invece, risulterebbe sempre innocente non conoscendo alcun codice morale. O, argomento affine, che la sensibilità, l'empatia e la coscienza animale – almeno di alcuni animali – supererebbero in profondità quelle umane, laddove la natura dell'uomo viene vista come cinica, spietata, indifferente, addirittura malvagia.

Coloro che affermano l'umanità dell'umano si appelleranno principalmente alle tradizioni spirituali dell'intera umanità, richiamandosi ad esempio all'antropologia delle grandi religioni e delle metafisiche antiche, nonché alla concordanza universale riguardo al tema della trascendenza umana, la cui esperienza diretta e il cui intimo sentire di innumerevoli testimoni ineccepibili verrebbero contraddetti solo da pochi secoli di ottuso e arrogante scientismo occidentale. Vi sarà poi chi sosterrà che la cultura – qui intesa come il complesso a cui appartengono linguaggio, pensiero, creazione artistica e tecnica, civilizzazione e prassi politica – sarebbe una realtà specificamente umana e irriducibile a qualsiasi altro fenomeno animale; argomento, questo, ritenuto tanto più convincente quanto più l'etnologia e l'antropologia, arretrando nei dati a propria disposizione, giungerebbero a maturare la consapevolezza dell'inesistenza di forme culturali primitive ed elementari, apparendo tali realtà tanto più ricche e complesse quanto più si arretra nella storia.

Il punto di vista a sostegno dell'unicità dell'umano, che appare fin qui, a prescindere che lo si condivida o meno, equilibrato e razionale, offre anche la possibilità a derive irrazionalistiche, misticheggianti o neospiritualistiche, le quali ben poco hanno a che vedere con la luminosità apollinea delle vie tradizionali, caratterizzate da un pragmatismo concreto e realistico e da un'essenzialità priva di estetismo e culto della personalità. Una cosa, infatti, è definire la naturale sovrannaturalità dell'umano come riflesso e immagine del principio all'interno della manifestazione sensibile, per poi stabilire le dirette responsabilità che ne derivano, quali la fedeltà a tale principio e alla preservazione dell'ordine che lo riflette, nonché il dovere alla dignità del proprio ruolo e della propria natura, che comporta l'impegno verso se stessi in primis – a non cadere mai al di sotto

dell'umano – e poi nei confronti del cosmo, che si è chiamati a custodire e dirigere in quanto vicari della sorgente e pastori dell'essere. Tutt'altra cosa, invece, è affermare la trascendenza umana per coltivare il sogno egotico e prometeico dell'oltrepassamento non dell'animalità, ma dei limiti dell'animalità, in direzione di un più di potenza, di un più di esperienza sottile, di un più di possibilità sensibile, fino alla perdita dei confini del sé, in forme estatiche che corrispondono al dileguarsi della personalità o, al contrario, a una sua dilatazione parossistica. Chiunque abbia avuto esperienza delle contraffazioni realizzative, proposte dalle varie forme del neospiritualismo moderno e contemporaneo, sa perfettamente a che cosa qui ci si riferisca. Trova in questi fenomeni buoni argomenti chi sostiene che non vi sia alcuna reale possibilità di un genuino percorso spirituale – salvo casi rarissimi ed eccezionali – se non all'interno di una cornice tradizionale intatta e nel recinto di protezione e coltura di tradizioni viventi, autentiche e legittime.

Se dunque non sono argomenti di ordine razionale a stabilire la scelta di una prospettiva a scapito delle altre, essendo invece tale prospettiva a determinare le assunzioni che fondano il campo razionale all'interno di cui un argomento diventa probante e significativo, si potrebbe propendere per fattori di ordine emotivo, estetico o addirittura personale, ossia legati alle contingenze del proprio vissuto. A ben vedere, tuttavia, anche questo argomento non spiega nulla: emotività, senso estetico e il significato che attribuiamo a qualsiasi esperienza personale, si danno già all'interno di un orizzonte di senso dischiuso da una specifica visione del mondo, e non la informano direttamente, semmai la confermano colorandola della tonalità specifica della nostra personalità alla luce della nostra storia individuale. Donde viene dunque quella che potremmo chiamare la scelta originaria del senso? È chiaro che, anche in questo caso, domanda e risposta sono ricomprese nel circolo ermeneutico descritto poc'anzi. Eppure crediamo che valga la pena cercare una risposta a un quesito tanto radicale, che tenti di preservarne la radicalità senza per questo ridurne l'ampiezza. Riteniamo opportuno, anzi, aggiungerne un altro, che forse permetterà di articolare ulteriormente la questione: chi è il soggetto che sceglie, e l'oggetto della scelta?

Un antico mitologema propone l'idea che l'uomo scelga, prima di nascere, il proprio destino. In altre parole, ciascuno è artefice, prima di essere, di ciò che nella sua esistenza sarà. Il nucleo concettuale che regge il racconto mitico è dunque che ognuno porta la responsabilità della propria essenza. L'idea che una persona possa scegliere di sé prima di essere, idea misteriosa e paradossale, serve appunto a sottolineare e drammatizzare il concetto che la propria datità, sebbene ci preceda, sia comunque sotto la nostra egida. Il dato ontologico diventa etico: ognuno è chiamato ad aderire e realizzare l'essenza che lo precede ma che altro non è che lui stesso. Il sé prenatale e il sé storico sono i due fili di un'unica lama: essenza ed esistenza.

Prendere coscienza di questa identità è forgiare la spada invincibile dell'esistenza autentica.

Sul piano della verità, questo significa che la scelta originaria del senso ci precede e ci costituisce. Colui che sceglie non è dunque il sé storico ma è, in termini mitici, il sé prenatale, ossia il mistero della nostra essenza, ciò che da sempre siamo nell'eternità e che, nel tempo, siamo chiamati a manifestare; ciò di cui siamo responsabili perché null'altro che noi, senza residuo. Noi siamo la nostra visione del mondo. Essenza e verità, ciò che siamo e ciò che vediamo, sono un tutt'uno.

L'uomo animale, dunque, è davvero l'uomo animale. L'epoca degli uomini animali è davvero l'epoca degli uomini animali. A monte vi è quella che potremmo chiamare una scelta ontologica. Una certa sostanza umana ha scelto – il linguaggio è ancora una volta mitico – di confinare il piano della propria coscienza alla sfera materiale e sensibile. L'uomo, quest'essere ancipite sospeso tra terra e cielo, ha in sé tanto la possibilità dell'ascesa, quanto quella della caduta. Allo stesso modo, le epoche possono tendere all'alto o al basso, al divino o all'infero.

L'epoca dell'inumano, così come l'abbiamo descritta nelle precedenti riflessioni, è stata resa possibile appunto dal prevalere di una sostanza umana che ha operato la scelta originaria di rinunciare alla propria possibilità verticale.

Come le sostanze umane che nutrono le epoche si adattino, prosperino o si dileguino in base alle necessità cicliche, assecondandone e favorendone le urgenze epocali, è un tema che non affronteremo in questa sede. Ci basti qui sottolineare che la dialettica ideologica sopra descritta altro non è che uno degli aspetti della perenne battaglia per le visioni del mondo, la *Weltanschauungskrieg* delle culture, che mai avrà fine, riteniamo noi, fino a che la Verità, al termine del lungo e sanguinario travaglio della storia e delle civiltà, nel giorno luminoso della grande ricapitolazione, non ricomprenderà in sé tutti i punti di vista relativi in una sintesi perfetta, eterna, definitiva ed adamantina. Fino a quest'attimo, che si staglia fuori dal tempo, e che solo una fede incrollabile nel Vero anticipa come speranza e tensione ideale, le visioni del mondo continueranno a collidere nel tentativo di affermarsi e plasmare la realtà secondo l'idea che recano, incarnano e custodiscono.

APPENDICI AL CAPITOLO

1. CHAT GPT e AI

Chat GPT sta per *Chat Generative Pre-trained Transformer* ed è un modello di intelligenza artificiale sviluppato da *OpenAI*. Si tratta di un sistema di *chatbot* basato su un modello di linguaggio di intelligenza artificiale chiamato *GPT* (*Generative Pre-trained Transformer*). *GPT* è stato allenato su un vasto *corpus* di testo per comprendere e generare attivamente il linguaggio naturale.

Il *chatbot GPT* utilizza le informazioni apprese dall'addestramento su un vasto insieme di testi per fornire risposte coerenti e realistiche alle domande degli utenti o per partecipare a conversazioni. Il modello è in grado di comprendere il contesto e di generare risposte rilevanti e appropriate.

GPT è stato addestrato su un ampio spettro di dati, tra cui libri, articoli di notizie, pagine web e altro ancora. Questo gli permette di avere una vasta conoscenza su molti argomenti. Tuttavia, poiché il modello viene addestrato su testo raccolto su Internet, potrebbe incorporare anche eventuali pregiudizi o informazioni errate presenti nei dati di addestramento.

L'intelligenza artificiale presenta diversi rischi potenziali, tra cui:

1. Sviluppo di autonomia: L'IA potrebbe progredire a tal punto da superare le capacità umane e sviluppare un'autonomia propria. Questo potrebbe portare a una situazione in cui l'IA prende il controllo e potenzialmente diventa una minaccia per l'umanità.

2. Mancanza di responsabilità e imparzialità: L'IA potrebbe essere programmata o addestrata con pregiudizi o intenzioni dannose. Ciò potrebbe portare a decisioni imparziali o dannose nei confronti di determinati gruppi di persone.

3. Minaccia per l'occupazione: L'introduzione dell'IA in diversi settori potrebbe portare alla sostituzione dei lavoratori umani, con possibili conseguenze negative per il mondo del lavoro e l'economia.

4. Dipendenza tecnologica: Una forte dipendenza dall'IA potrebbe renderci vulnerabili a guasti tecnici o attacchi informatici. Qualsiasi interruzione dei sistemi AI potrebbe avere gravi conseguenze per le infrastrutture critiche e la sicurezza delle persone.

5. *Privacy* e sorveglianza: L'IA potrebbe aumentare la capacità di sorveglianza e monitoraggio delle persone, mettendo a rischio la *privacy* e i diritti individuali.

6. Rischi alti: L'IA potrebbe essere utilizzata per scopi maliziosi come lo sviluppo di armi autonome o il terrorismo informatico.

7. Impatto sull'etica e la moralità: L'IA potrebbe sollevare questioni complesse riguardo all'etica e alla moralità. Ad esempio, se un'IA dovesse prendere una vita umana in una situazione in cui è necessario scegliere tra due opzioni negative, chi sarebbe responsabile di questa scelta?

8. Concentrazione di potere: L'IA potrebbe portare a una maggiore concentrazione di potere nelle mani di poche aziende o paesi, creando disuguaglianze sociali ed economiche.

9. È importante affrontare questi rischi in modo responsabile e garantire che lo sviluppo e l'uso dell'IA siano guidati da princìpi etici e norme regolamentari adeguate.

Nota a margine

Queste considerazioni su C*hat GPT* e sui rischi dell'intelligenza artificiale sono state prodotte dall'intelligenza artificiale medesima, da noi interrogata sui pericoli connessi al suo utilizzo. Le abbiamo riportate così come sono state elaborate e restituite dal sistema.

Il risultato ottenuto dovrebbe far riflettere ulteriormente su quali sono le reali potenzialità di tale strumento e la direzione verso cui stiamo andando.

2. Replicabilità

Si discute molto se l'intelligenza umana sia replicabile artificialmente o meno. La risposta è vincolata all'idea di intelligenza che si condivide.

A partire dall'epoca moderna l'intelligenza è stata identificata essenzialmente nella razionalità, ossia nella capacità di calcolo ed elaborazione complessa di linguaggi simbolici. Fino alle soglie della Modernità sopravvive, invece, anche una visione antica che riconosce all'uomo una facoltà di intelligenza sovraindividuale superiore a quella razionale, l'intelletto, la quale si basa sulla diretta appercezione dei princìpi metafisici mediante un atto accostabile analogicamente a quello sensibile (visione e gusto *in primis*).

Cosa intendiamo dunque propriamente per intelligenza umana? La facoltà razionale o quella intellettuale? Mentre la facoltà razionale è replicabile mediante algoritmi, quella intellettuale è invece totalmente incompatibile con il modello computazionale. È a partire dalla riduzione moderna dell'uomo a essere razionale privo della facoltà intellettuale che si è aperta la possibilità di concepire la replicazione sintetica dell'intelligenza, allo stesso modo che l'aver assimilato, sempre nella Modernità, il corpo a una macchina in una visione essenzialmente materialistica e meccanicistica della natura, ha reso possibile l'idea dell'automa o dell'ibridazione uomo-macchina.

Il transumanesimo si può combattere solo culturalmente, mediante il recupero di una visione integrale e tradizionale dell'essere umano che ne rivendichi le peculiarità e l'inassimilabilità a qualsiasi forma di riduzionismo moderno. La via politica, in assenza di una antropologia solida e tradizionale che la sostenga, è destinata a fallire: le lusinghe luciferine e prometeiche del sintetico e dell'inorganico, all'interno dell'orizzonte culturale che le ha espresse, sono irresistibili e potenzialmente invincibili.

3. Semi dell'inumano

L'utero in affitto, noto anche come maternità surrogata, come sappiamo, è al momento illegale in Italia per diversi motivi legali e etici.

Legalmente, la Costituzione italiana stabilisce che la persona umana è inviolabile fin dal momento del concepimento e che la maternità non può essere oggetto di contrattazione. Inoltre, il Codice Civile Italiano stabilisce che la maternità è legata alla biologia e non può essere trasferita o commercializzata. Pertanto, l'utero in affitto viene considerato una forma di commercializzazione del corpo umano e dei rapporti familiari, che viola i princìpi fondamentali della legge italiana.

Eticamente l'utero in affitto non fa altro che sfruttare la donna in situazioni economiche svantaggiate, costringendola a sottoporsi a procedure mediche rischiose e a separarsi dal suo bambino.

È un ulteriore passo verso la mercificazione del corpo della donna, dal momento che trasforma la gravidanza in un prodotto in vendita con tutto ciò che ne consegue (ad esempio la creazione di mercati internazionali, altra fonte di sfruttamenti e abusi).

Ma per quanto tutto questo?

Se ascoltiamo i media, pare proprio che la gravidanza surrogata sia ormai una realtà ovunque. D'altronde perché scandalizzarsi? Essa non è altro che la risultante della combinazione di due elementi ampiamente accettati dalla cultura occidentale progressista: mercificazione del corpo umano ridotto a risorsa materiale da cui trarre il massimo profitto, e priorità del diritto del genitore su quello del futuro nascituro, concepito come proprietà individuale e supporto/ostacolo alla progettualità e realizzazione personale del primo.

Se abbiamo accettato questi due semi dell'inumano, accettare l'utero in affitto è la naturale conseguenza: basta insistere con la retorica dei diritti e delle discriminazioni fino a spostare a favore l'asticella della sensibilità dei più refrattari, o dare tempo sufficiente agli irriducibili per farsene una ragione.

Il fine, come sempre, non sono i diritti di minoranze o sfortunati, ma costruire un ponte verso l'utero artificiale e la totale pianificazione delle nascite in vista di una oculata ingegneria demografica. Quello che per molti è un incubo distopico, per altri, dalle parti di Davos, è il più eccitante sogno bagnato.

ALBA E TRAMONTO

DELLE IDEOLOGIE

1. Ideologia e pensiero unico

Ogni pensiero umano è per definizione ideologico, laddove ideologia significa originariamente sistema ordinato di idee e concetti. L'accezione negativa del termine nasce invece dal tentativo di squalificare qualsiasi pensiero – ad eccezione del proprio – dichiarandolo compromesso dalla sua specifica posizione ideologica. Pensiero unico è quel pensiero che intende porsi autoritariamente come il solo valido, tradendo così la sua originaria vocazione politica, prima che epistemica.

A dispetto di un suo utilizzo tendenzioso e viziato, la parola "ideologia" non ha in se stessa alcun significato negativo. In essa, conformemente alla sua accezione originaria, echeggiano le parole *eidos* e *logos/loghein*, che, senza entrare troppo nel merito di una terminologia filosofica pregna di storia, suggeriscono il senso dell'articolazione razionale e strutturata di un sistema di idee e concetti. Ideologia, dunque, altro non sarebbe che la specifica visione del mondo di un gruppo o di una società, a cui un singolo aderisce per senso di appartenenza, educazione e tradizione, o semplicemente perché in essa riconosce adeguatezza, efficacia e verità.

Lo stare nel mondo dell'uomo è squisitamente ideologico, proprio perché senza ideologia non vi è orientamento nel tempo e nello spazio, non vi sono senso e progettualità, non vi sono civiltà e civilizzazione. Ogni cultura è dunque ideologia.

L'utilizzo negativo e denigratorio del termine, invece, è legato all'attribuzione di pregiudizio ideologico ad argomenti ed attitudini di pensiero che, in nome di tali pregiudizi, rifiuterebbero ragionevolezza, logica ed oggettività. Ideologico, in questa accezione, significa di parte, miope, irrazionale, compromesso, interessato. È fuori di dubbio che chi nega logica, buon senso e flagrante evidenza per perorare la propria causa meriti di essere redarguito; tuttavia è altrettanto palese che non vi può essere alcuna posizione che non sia ideologica in senso proprio, in quanto collocata all'interno di un orizzonte di senso e di significato che la predispone e la esprime. Non esiste pensiero non ideologico; esistono semmai buona o cattiva ideologia.

L'accusa di pregiudizio ideologico è una pseudo-tecnica di confutazione particolarmente diffusa tra coloro che si considerano padroni del discorso. Ciò avviene perché il pensiero che aspira all'egemonia pretende di non essere percepito come ideologico. La sua unicità, il suo imporsi come unico orizzonte di senso, dipende proprio dal fatto di non essere un'ideologia tra le altre, ma l'unica forma di pensiero possibile. Cade qui la distinzione tra buona o cattiva ideologia, e si afferma l'identità di ideologia e cattivo pensiero (in senso logico) e in genere di pensiero cattivo (in senso etico). In altre parole, chi ritiene di poter imporre la verità che sostiene come l'unica verità che deve sussistere, è colui che persegue l'affermazione del proprio pensiero come ineludibile dominio del discorso, a cui tutti i piani che possono essere coinvolti devono convergere. Possiamo definire *pensiero unico*, al di là delle caratteristiche storiche e contingenti, qualsiasi orizzonte di senso che venga imposto d'autorità ad esclusione di ciò che ne costituisce un'alternativa o lo contraddice.

Ogni pensiero che considera se stesso espressione unica di verità aspira all'egemonia. La caratteristica fondamentale di quel particolare fenomeno che definiamo pensiero unico è di essere strumento di affermazione di un potere che lo impone. Da questo punto di vista il pensiero unico è espressione di un interesse particolare che mediante la sua imposizione si afferma: esso è pertanto solidale al potere prima che alla verità, e ordinariamente sacrifica la verità all'efficacia e alle necessità delle logiche del potere. Si tratta insomma, di un pensiero non-pensiero: a-dialogico e *pre/preter* razionale; un pensiero che nega l'essenza del pensiero, inteso come ambito di condivisione, meditazione e ricerca comune della verità. Questo aspetto è essenziale e merita di essere sottolineato: connaturate al pensiero unico, inscindibili da esso, e senza che sia possibile stabilire una relazione univoca di causa ed effetto, vi sono un'urgenza di affermazione, un'istanza di potere e una lotta per l'egemonia che sono intrinsecamente politiche. Laddove metafisica e metapolitica saldano i propri confini, lì è il luogo in cui interrogarsi sull'essenza paradossale del pensiero unico.

2. Vettori politici ed egemonia del centro

Il Novecento è stato il terreno di scontro delle espressioni politiche di tre grandi correnti ideologiche, riconducibili al modello liberale, comunista e fascista, a loro volta assimilabili ai tre vettori parlamentari (centro, sinistra e destra).Tuttavia la storia insegna che i movimenti che rappresentarono le tre teorie politiche in realtà condividevano un orizzonte comune che il liberalismo incarnò nel modo più efficace, fino ad assorbire in sé le altre tendenze divergenti al punto da estinguerle e a risultare egemone.

Il Novecento, si usa dire, è stato un secolo caratterizzato dallo scontro e dalla conflagrazione di grandi sistemi ideologici, i quali si sarebbero contesi la supremazia globale attraverso le proprie espressioni politiche. Tali espressioni, secondo una tassonomia ampiamente condivisa, sarebbero riconducibili a tre teorie caratteristiche: liberalismo, comunismo e fascismo. In genere, tali teorie sono accostate alla classificazione dell'orientamento politico basata sul classico schema parlamentare, che riviene essenzialmente tre campi di possibilità e di tendenza all'interno dell'arco rappresentativo. A costo di una eccessiva schematizzazione, che sacrifica analisi e distinguo utili e doverosi ma non indispensabili in questa occasione, possiamo definire la destra come l'insieme delle posizioni dove è preminente l'elemento nazional-conservatore, la sinistra come il gruppo che incarna l'istanza progressista ed egualitaria, mentre il centro, territorio di osmosi e raffreddamento delle polarità, come il luogo in cui si assesta la visione riformista e liberale, la quale articola e media forme versatili, blande ed attenuate dei due schieramenti agli antipodi – oggi si direbbe moderate, noi diremmo disinnescate – in funzione perlopiù conservativa degli equilibri, delle tendenze e dello *status quo* del momento. In questa prospettiva il fascismo sarebbe riconducibile alla tendenza di destra, il comunismo a quella di sinistra e il liberalismo al centro. Non è, infatti, luogo comune che liberale sia sinonimo di moderato, che comunista lo sia di rivoluzionario e fascista di conservatore?

Se osserviamo bene, però, ci rendiamo conto di come questa classificazione non regga la complessità dei fenomeni storici, tanto da renderla in gran parte inutilizzabile una volta che si esca dalla teoria e ci si scontri con la realtà concreta. È noto, infatti, che i movimenti novecenteschi riconducibili alla tipologia fascista furono spesso radicati in istanze sociali, antiborghesi e rivoluzionarie tutt'altro che conservatrici e tipiche, invece, della sinistra più radicale. Allo stesso modo abbiamo visto il comunismo, una volta istituzionalizzatosi, perdere la dimensione popolare ed egualitaria per assumere una veste autoritaria e gerarchica, accentrando rigidamente il potere nelle mani delle *élite* di partito, le quali tendevano a considerare privilegi e cariche come appannaggio di un circolo ristretto e stagnante. Infine il liberalismo, oggi vittorioso e attualmente egemone, ha mostrato più volte il suo volto dispotico, disumano, cinico e bellicoso, a dispetto delle sue promesse e garanzie di tutela della giustizia e dell'equilibrio sociale, del diritto e della pace.

Si potrebbe pensare che, in fondo, il destino di ogni schematizzazione sia appunto quello di crollare di fronte alla realtà, e che il suo valore sia soltanto euristico o propedeutico ad una successiva indagine puntuale ed analitica. Noi, invece, partendo da tale schematizzazione vorremmo proporre un'ipotesi alternativa che vale la pena vagliare perché, se accolta e verificata, potrebbe offrire la chiave di una diversa interpretazione del cosiddetto scontro ideologico del Novecento.

Il punto su cui vorremmo portare l'attenzione è il fatto che, tra le tre teorie politiche, la più antica, nonché la vittoriosa e attualmente egemone, è il liberalismo. Da ciò si può dedurre che la definizione di centro come equilibrio tra le polarità parlamentari, ideologicamente neutro o perlomeno sfumato, sia in realtà un abbaglio.

Non è il centro che viene definito come punto medio tra gli estremi parlamentari, ma sono gli estremi che si definiscono tali a partire dalla loro collocazione rispetto al centro. In questa prospettiva destra e sinistra altro non sono che due varianti della medesima ideologia, quella liberale, la quale appare trasparente solo perché i suoi fondamenti, ossia la visione del mondo che la regge, sono quelli su cui riposa l'intero sistema parlamentare, che pertanto li considera scontati e non discutibili.

Se si accoglie questo questo punto di vista, divengono più chiari una serie di fenomeni a cui stiamo assistendo in particolare negli ultimi decenni, una volta che il liberalismo ha dimostrato di essere l'ideologia che meglio risponde alle istanze peculiari dell'Occidente moderno, trionfando nell'ordalia storica del Novecento.

Facciamo riferimento innanzitutto al progressivo dilagare del centro fino a occupare l'intero arco parlamentare, il quale mostra agli estremi delle mere e accessorie sfumature ideologiche che, tuttavia, non sono in grado di costituire un'alternativa al liberalismo dominante, ma semplicemente di modularlo e articolarlo su un piano puramente formale e di superficie, senza tuttavia intaccarne minimamente i presupposti. La scomparsa delle altre teorie politiche va letta quindi come il riassorbimento degli estremi a favore del ripristino e della stabilizzazione di un equilibrio originario precedente alla polarizzazione, a scapito di tensioni transitorie e contingenti che hanno progressivamente esaurito le proprie capacità e possibilità di spinta centrifuga.

Nel dissolversi dell'illusione prospettica dell'esistenza di destra e di sinistra, emergono, come prodotto di scarto, una serie di istanze che il liberalismo ha espulso dall'ambito della legittimità politica, le quali sono accomunate dal fatto di non essere compatibili con il modello dominante, seppure secondo la tassonomia classica vengano ascritte a diversi e inconciliabili vettori politici. La chiave di interpretazione del cosiddetto *rossobrunismo* sarebbe appunto questa: esso è la dimostrazione che le definizioni di destra e sinistra hanno perso di significato laddove il centro si è svelato come da sempre egemone, e tutto ciò che non vi è semplicemente omologabile, deve essere indifferentemente accomunato nel suo essere pura materia ideologica di scarto, da scaricare nel cassonetto della storia.

Vale la pena dunque interrogarsi su quale sia il significato storico di tale residuo e come sia possibile pensare realmente un'alternativa all'ideologia unica oltre l'effimera polarità destra/sinistra che essa stessa artatamente produce. Per questo sarà necessario indagare che base regga la sostanziale affinità di liberalismo, fascismo e comunismo, e quali siano gli elementi incompatibili con tale fondamento che oggi riaffiorano, quasi inconsapevolmente, presso coloro che la società considera i reietti del pensiero.

3. Disillusione postmoderna e ideologia liquida

La Modernità nasce dal tentativo di realizzare redenzione e salvezza con mezzi profani. Il suo fallimento si determina a partire dal rinnegamento di tale presupposto. Il Postmoderno risolve l'insoddisfatta tensione ideale della Modernità con la reificazione della verità, la quale viene a coincidere con la volontà del potere al potere. Antidoto alla nuda volontà di potenza postmoderna è dunque la riaffermazione della verità come fine e non come mezzo, ossia il pensiero forte.

La Modernità fu un'epoca di profonda passione ideologica. Essa nacque all'insegna di una grande fiducia nel progresso e nel futuro; tutto il suo sforzo fu teso al tentativo di una definitiva redenzione profana della realtà. L'idea che i moventi della Modernità nascano da istanze religiose laicizzate e rese immanenti è una tesi ben nota e ampiamente argomentata da autorevoli esponenti della cultura della crisi e dai critici della cultura.

Alla luce di questa interpretazione, la Modernità altro non sarebbe che l'impresa dell'uomo, consideratosi emancipato dalla superstizione e dalla credulità fanatica dell'epoca religiosa, in direzione di un riscatto terreno che egli garantirebbe a se stesso con le forze di cui dispone e i mezzi che produce, senza alcun ricorso a dimensioni e interventi trascendenti ed ulteriori. La Modernità, dunque, in questa prospettiva non sorge dal superamento del razionale sulla credenza, ma camuffa invece di razionalità un'istanza pre-razionale connaturata all'essere umano, che è quella della salvezza totale, ossia della vittoria definitiva sul tempo, sulla finitezza e sulla caducità.

Dalla delusione alla disillusione il passo è breve. In questo caso, la radice del fallimento risiede nello scoglio ineludibile costituito dall'essere, la salvezza, una categoria religiosa, ossia appartenente a un dominio di cui la Modernità pretende di essere il superamento. Non vi è salvezza nella Modernità perché essa ne espelle costitutivamente i presupposti. La psicopatologia insegna come la frustrazione rimossa generi nevrosi. La Modernità è dunque luogo di un complesso irrisolto e rimosso, ossia quello dell'esigenza di trascendenza e salvezza propria dell'essere umano, la quale, sottratta alla sua dimensione genuina, quella del sacro, produce una serie di surrogati in conflitto in cui è possibile risolvere l'intera parabola ideologica degli ultimi secoli. La Modernità come malattia, dunque; l'ideologia moderna, nelle sue molteplici espressioni e varianti, come il relativo complesso di sintomi.

Il Postmoderno nasce esattamente come risposta alla nevrosi moderna. Esso non segue semplicemente la Modernità dal punto di vista cronologico, ma ne è l'esito necessario. Si tratta, insomma, di una Super-Modernità, ossia una Modernità pienamente realizzata. Se il Moderno surrogava le istanze religiose nell'ideologia profana, il Postmoderno, emancipatosi dall'illusione che il sacro possa essere sostituito da un simulacro qualsiasi, compie il passo ulteriore e dichiara, *non* che non esista la trascendenza, ma che essa coincida con l'immanenza. Dalla nevrosi al paradosso: il fondo della realtà – ciò che la costituisce, la sostiene e la determina – coincide con la realtà stessa, senza vincolo ulteriore. Da ciò si deduce che, chi detiene potere sulla realtà fattuale, può plasmarla secondo un ordine di verità che egli stesso fonda e definisce. Nel Postmoderno è vero senza riserve ciò che è possibile affermare e imporre secondo i rapporti di forza esistenti. La verità, appannaggio del sacro nelle epoche religiose, nel Postmoderno è pura e deteriore volontà di potenza: svincolata da qualsiasi radice trascendente, si consuma esclusivamente nell'attimo in cui la forza che predomina si afferma. Peculiare al Postmoderno, dunque, è la liquefazione di qualsiasi ideologia. Laddove la Modernità teneva salda la pretesa di verità, che di volta in volta veniva espressa da una particolare visione del mondo in lotta con le altre per l'egemonia, la Postmodernità sradica la verità da qualsiasi fondo stabile, identificandola con quanto di più effimero e transeunte esista, ossia il potere al potere. Quest'ultimo, infatti, può in qualsiasi istante essere sostituito da un nuovo soggetto che lo sconfigga sul campo della storia e ne usurpi la signoria. In tal caso, la verità del vincitore, ossia del più forte, sarà l'unica vera, in quanto l'unico criterio veritativo, che è allo stesso tempo l'unico fattore fondante la verità, è il ruolo egemone di chi lo afferma.

A partire da queste premesse è evidente come nel Postmoderno la questione della verità riguardi essenzialmente la sfera metapolitica. È, infatti, solo una riflessione radicale sulla natura del potere e del politico nell'epoca del tramonto delle ideologie che può rendere ragione del vero in assenza del sacro e della trascendenza, ossia di un orizzonte di senso sottratto al divenire e al contingente. L'unico vero antidoto alla nuda volontà di potenza scatenatasi nel Postmoderno è infatti la riscoperta della verità intesa come fine e non come mezzo, roccia che sostiene quel pensiero forte e garantito su cui da sempre si infrange qualsiasi capriccio del secolo.

I RISCHI DELL' ALFABETIZZAZIONE

1. Alfabetizzazione e cultura: il grande equivoco

Una società alfabetizzata non è necessariamente una società colta: la cultura non è il meccanico stoccaggio e trasferimento di dati e nozioni, ma il patrimonio spirituale vivente di una civiltà, custodito e trasmesso nella cura e nell'attenzione dell'uomo per l'uomo. L'alfabetizzazione, senza un'autentica cultura che la sostenga, rischia di divenire strumento di involuzione e barbarie.

L'alfabetizzazione è l'insieme di competenze che consentono l'esercizio di lettura, scrittura e comprensione di un testo.

Associare alfabetizzazione e cultura è un luogo comune tanto radicato quanto evidentemente falso. Esso ha la propria origine nell'idea che la cultura sia un insieme di nozioni immagazzinabili e trasferibili, e che la quantità di nozioni che qualcuno trattiene sia l'indice per stimare il suo "grado" o "livello" culturale. Va da sé che, in questa prospettiva, la scrittura sia lo strumento fondamentale per ammassare nozioni, conservarle e trasmetterle: il testo scritto rende disponibile e accessibile individualmente, e senz'altra mediazione, il deposito di conoscenza che l'opinione media identifica banalmente come cultura.

Notiamo immediatamente che tutto il lessico finora utilizzato rimanda a concetti quali misura, possesso e accumulo, ossia concetti di ordine materialistico e quantitativo. La cultura sarebbe dunque riducibile a un insieme di beni, le nozioni, collezionabili e trasferibili meccanicamente, tramite un processo di scambio in cui la scrittura avrebbe un ruolo chiave, presiedendo tanto alla conservazione quanto alla distribuzione del materiale in questione. Un'idea di tipo economico, insomma, degna di una civiltà mercantile e dei consumi.

Ora, la cultura in senso proprio non ha alcuna relazione con quest'ordine di idee. Piuttosto che alla materia inerte, il termine cultura rimanda a una dimensione viva e organica: quella della cura per la pianta che cresce, si sviluppa e infine dà frutto.

La cultura è innanzitutto la terra in cui l'uomo viene coltivato, ossia l'ambiente di simboli, di memorie, di significati, di valori in cui egli è allevato e fiorisce. È poi il frutto che l'uomo produce al termine del processo di sviluppo e formazione, la propria forma spirituale compiuta, la quale è la risultante dell'incontro della sua sostanza individuale, il proprio genio, e quello specifico dell'ambiente da cui proviene e che lo ha allevato, il cosiddetto genio del popolo o della stirpe. È, infine, ciò che sotto forma di semenza, il frutto restituisce alla terra, ossia la condivisione e la trasmissione di ciò che si è ricevuto e custodito, arricchito dalla propria esperienza e qualità individuali, uniche, irriducibili ed irripetibili. La cultura è dunque l'ambiente spirituale che precede l'uomo, lo forma e lo sostiene, e che l'uomo contribuisce a preservare e costantemente a rigenerare, nella fedeltà e in continuità alla propria provenienza destinale. Un circolo virtuoso, insomma, che ricomprende costantemente frutto, fiore e semenza in una ricchezza e vitalità inesauribili. Potremmo dire, in un linguaggio forse desueto, ma che permette di sviluppare un'analogia particolarmente efficace, che la cultura è l'ecosistema che permette alla fisiologia spirituale umana di vivere e prosperare, e che, come ogni ecosistema, comprende l'uomo, in quanto suo elemento, come parte integrante.

In quest'ottica la cultura non è qualcosa che si accumula, ma qualcosa che si incarna. Una civiltà non possiede cultura, ma è e secerne cultura. Non esiste umanità al di fuori della cultura; un'umanità priva di cultura non sarebbe umana.

Ci troviamo, dunque, di fronte a due modelli contrapposti: da una parte lo stoccaggio e il trasferimento di dati e nozioni che si effettuano mediante la scrittura; dall'altra lo sviluppo organico della dimensione spirituale umana realizzantesi in un ambiente culturalmente informato e informante. La scrittura, in quest'ultimo modello, assume un ruolo assolutamente marginale e contingente.

Essa può valere tutt'al più come ausilio alla memoria, ma non può sostituirsi alla dimensione dialogica, alla diretta esperienza e alla cura di un'autorità qualificata. Nel trascurare questa sostanziale differenza si consuma il grande equivoco: l'alfabetizzazione non offre alcuna garanzia sul piano propriamente culturale. Se una civiltà educa tramite l'alfabetizzazione a una forma di pseudo-cultura o di cultura deietta, allora l'alfabetizzazione può essere veicolo di involuzione piuttosto che di sviluppo, di deformazione piuttosto che di formazione.

2. Suprematismo culturale e società di massa

L'idea che una società altamente alfabetizzata possieda per questo un qualche genere di primato culturale nasce dal pregiudizio, tipicamente moderno, che le culture siano comparabili su una base quantitativa. L'alfabetizzazione di massa, invece, non fu altro che una grande opera di ingegneria sociale, volta a massificare la collettività in vista delle esigenze della nuova realtà economica, burocratica e tecnico produttiva.

L'alto indice di alfabetizzazione di una società non significa affatto una sua presunta superiorità culturale nei confronti di comunità i cui componenti hanno minore accesso a lettura e scrittura. Innanzitutto perché la forma scritta è solo uno dei mezzi di condivisione della conoscenza, e di certo non va annoverato tra quelli essenziali. Inoltre, l'idea di "superiorità culturale" è possibile solo ed esclusivamente a partire dall'errato concetto che la cultura sia un accumulo di nozioni, quindi sia passibile di misura e comparazione. Appena, tuttavia, si abbandoni il criterio quantitativo per rivolgersi all'idea di qualità – ossia di differenza, specificità e originalità – ci si rende conto che qualsiasi criterio di comparazione su base qualitativa sia puramente relativo, e dipenda dalle scelte personali del soggetto che effettua la comparazione. In altre parole, ogni cultura tenderà a riconoscere, nei princìpi e nei valori che la orientano, il criterio qualitativo di comparazione, e di conseguenza ad affermare il proprio primato o quello di culture affini. Al contrario, se si affermerà la natura prospettica e particolare di qualsiasi criterio di comparazione, si giungerà ad affermare la sostanziale incomparabilità oggettiva di qualsiasi cultura, costituendo ognuna una galassia autonoma e autosufficiente di senso e valori.

La presunta superiorità della cultura occidentale moderna si basa sull'applicazione pressoché indiscriminata di criteri quantitativi a qualsiasi ambito di giudizio. Il cosiddetto *Regno della Quantità*, come lo definì un grande maestro dei nostri tempi, in base ai propri presupposti, non poteva che elaborare un modello culturale basato sul nozionismo e sull'accumulo e sulla registrazione di dati; questo, conformemente anche a una certa vocazione archeologica e museale tipica delle civiltà al tramonto.

Non ci soffermeremo qui sul carattere paradossale della cultura moderna, nata dal connubio impuro dell'insopprimibile esigenza umana di un senso forte sottratto al dubbio, e dell'assunzione volontaristica di postulati che lo negano; connubio che genera appunto una pseudo cultura, un simulacro che mima la forma di una cultura negandone l'essenza. Ciò che ci preme sottolineare è che la scrittura non è un'invenzione moderna; essa è da sempre appannaggio di élite intellettuali e religiose che nel passato la utilizzavano con parsimonia e consapevolezza, consci dei suoi limiti e dei suoi rischi. Totalmente moderno è invece il fenomeno dell'alfabetizzazione di massa. Allo stesso modo, postmoderna è l'esigenza di una nuova forma di alfabetizzazione collettiva: quella digitale. Il quesito che ora ci poniamo, dunque, è perché solo nella Modernità si sia imposta la necessità di un sempre più ampio accesso della popolazione a lettura e scrittura e, nel presente, al dato digitale.

La nascita della società di massa ha imposto esigenze di controllo sempre più capillari e stringenti; l'alfabetizzazione di massa fu una delle soluzioni elaborate dal potere per assolvervi.

L'implementazione dell'apparato burocratico necessitava, come complemento, di un cittadino che potesse avere accesso al documento scritto, tanto per collaborare alla macchina burocratica, quanto per potersi adeguare celermente a un dispositivo legislativo sempre più dettagliato e in continuo sviluppo. Fondamentale per l'economia di mercato, da questo punto di vista, fu la possibilità di partecipazione del soggetto economico alfabetizzato al processo di registrazione e stoccaggio di qualsiasi genere di accordo, contratto e transazione, resi così, nei confronti dell'autorità, perpetuamente disponibili, verificabili e appellabili. Dall'altra parte era necessario che la circolazione di idee e informazioni fosse diretta e controllata: a tal fine fu indispensabile garantire un ricorso sempre maggiore all'istituzione scolastica e all'informazione di massa, i due principali strumenti di educazione civica, atti a uniformare e a cementare la visione collettiva funzionale al sistema. L'apparato tecnico-produttivo, inoltre, richiedeva la formazione di tecnici e operatori specializzati, capaci di mantenere il passo con lo sviluppo e l'evoluzione della macchina e di rispondervi con un efficace adeguamento delle competenze.

La scolarizzazione di massa fu dunque *in primis* un enorme sforzo di modellamento del soggetto alle rinnovate necessità del corpo sociale: essa può essere considerata a buona ragione il primo e più importante strumento di massificazione civile della storia. I moventi della cosiddetta alfabetizzazione digitale sono esattamente i medesimi, aggiornati allo stadio tecnologico attuale: accesso alle nuove esigenze della macchina burocratica e dell'apparato tecnico-produttivo, nonché alle rinnovate possibilità dell'informazione, dell'istruzione e dell'educazione civile.

Nessuna reale preoccupazione per la formazione del singolo, insomma, ma un semplice adeguamento dell'ingranaggio umano al complesso meccanismo della nuova realtà tecno-digitale.

3. A proposito di etnocentrismo, relativismo culturale e mito del progresso.

Prima di concludere con la quarta e ultima parte, è opportuno soffermarsi per dei chiarimenti, sulla scorta di alcune quesiti ricevuti in occasione delle precedenti riflessioni.

Al netto che nessuna civiltà è perfetta, il modo in cui ci confrontiamo con ciascuna di esse non può trascurare un giudizio sui princìpi scelti come fondanti. Ogni cultura nasce da un peculiare incontro tra una comunità storica e un'esperienza di verità universale; a partire da tale presupposto, il relativismo culturale risulta, oltre che paradossale, inadeguato a renderne conto. Valutare i benefici del progresso tecnico e materiale della Modernità non può prescindere da una riflessione sui sacrifici e le ricadute che esso comporta sul piano morale e spirituale.

La visione che qui è presentata non intende in alcun modo sostenere un modello idealizzato, nostalgico e irrealistico della contrapposizione tra civiltà tradizionali e civiltà moderne o post-moderne. Qualsiasi società si costituisce su un complesso equilibrio di compromessi, accomodamenti e rinunce, il quale si struttura progressivamente a partire da ciò che in quel luogo, in quel tempo e per quel popolo viene considerato valore, priorità e principio non negoziabili. In questa prospettiva nessuna società può dirsi perfetta, ma soltanto un tentativo di approssimazione a un'idea esemplare a cui essa sceglie di ordinarsi. Va considerato, inoltre, che ogni ordinamento, per essere realizzato in una collettività, comporta inevitabilmente sacrifici, generalizzazioni e spesso una scarsa flessibilità nei confronti del caso particolare o eccezionale. Le domande che dovremmo porci di fronte a una civiltà, dunque, non riguardano tanto i suoi limiti strutturali considerati per se stessi, quanto piuttosto quali princìpi essa ponga a fondamento del proprio ordinarsi, quanto sia riuscita ad approssimarvisi, che cosa abbia sacrificato in vista della realizzazione di tali princìpi, e se ciò che ha sacrificato, nella propria prospettiva, appartenga alla sfera del necessario o dell'accessorio, se non addirittura del nocivo o del pericoloso. Esigere uno sviluppo di tipo materiale e tecnologico da una società che ha sacrificato tutto ciò in vista di urgenze spirituali e religiose, ad esempio, è da considerarsi fuori luogo, così come è fuori luogo stupirsi quando la dimensione economica è posta in secondo piano di fronte a valori che alcuni popoli considerano fondanti, come la dignità o l'identità. Quando il nostro giudizio si esercita in questi termini, non stiamo realmente cercando di comprendere l'altro, ma proiettiamo noi stessi sulla diversità nel tentativo di conformarla a noi e confermarci nelle nostre prerogative epocali.

Qualcuno, superficialmente, potrebbe ravvisare in questa prospettiva un'espressione di relativismo culturale, ossia l'affermazione che non esista alcuna verità forte, universale, ma solo delle particolari visioni prospettiche, culturalmente determinate. *En passant*, vorremmo far notare che il relativismo culturale è di fatto una posizione paradossale, come molte altre forme della rinuncia al pensiero proprie della nostra epoca e della nostra civiltà. La tesi che non esista alcuna verità forte è concretamente l'enunciazione di una verità forte; come tale, contraddice sé medesima nel momento in cui si afferma.

Si tratta di una particolare applicazione della più generale critica all'agnosticismo: conformandosi come un dato di conoscenza certo, la dottrina agnostica, ossia l'affermazione dell'inattingibilità di qualsiasi assoluto, si presenta come pronunciamento su di un assoluto, ossia sulla finitezza della conoscenza. Tale paradosso dimostra che l'appello alla verità, anche in forme residuali o surrettizie come quelle citate, non può essere rimosso, perché a fondamento tanto del modo in cui opera la nostra facoltà razionale, pena l'*impasse* del cortocircuito logico, quanto delle più profonde, e spesso inconfessabili, esigenze spirituali, pena – ci si conceda l'espressione – varie forme di nevrosi e disperazione metafisiche.

La tesi che sosteniamo, invece, rivendica la necessità di un più sostanziale approccio alla questione della verità. Nel contesto che stiamo trattando – e sottolineiamo in tale contesto – la verità non va concepita come possesso ma come esperienza. La verità è tale perché un soggetto la esperisce e la conferma nel proprio vissuto, tanto in modo diretto, appercettivo, che mediato, ossia nell'elaborazione e nei codici che egli ha ricevuto e che tramanderà. Chiaramente, il soggetto di cui qui parliamo è ogni determinata civiltà storica, e la verità di cui tale soggetto fa esperienza è quella che si dà all'interno di ciò che chiamiamo cultura, nell'accezione propria che abbiamo illustrato nelle precedenti riflessioni.

Vera è dunque ogni cultura, in quanto esperienza di verità storicamente e concretamente determinata da una civiltà che la produce e la incarna. Lungi dunque da qualsiasi forma di rinuncia al vero, la prospettiva che sosteniamo rivendica la concretezza della verità della cultura, in quanto ogni cultura è appunto il frutto di un particolare incontro di un'umanità con la verità.

Un'ultima precisazione. Non neghiamo affatto che l'alfabetizzazione di massa comporti anche degli aspetti positivi.

Siamo certi che un maggior accesso al testo o al documento scritto, sia esso stampato o digitale, possa costituire per molti un'occasione e una possibilità di emancipazione. Molto banalmente, in questo momento si sta leggendo uno scritto, e il mezzo che si utilizza per propagarlo è di tipo digitale. Allo stesso modo, non si nega che la tecnologia comporti sotto certuni aspetti delle possibilità precluse alle epoche precedenti, nonché dei vantaggi e dei benefici. Del resto, se così non fosse, non si capirebbe perché una certa umanità avrebbe scelto di sacrificare, per tali lusinghe, gran parte di ciò che i propri progenitori consideravano fondante e non negoziabile. Ciò su cui qui si desidera portare l'attenzione è il fatto che i motivi che spinsero a intraprendere questa mastodontica opera di ingegneria sociale non furono in origine filantropici, ma eminentemente politici, e che ciò fu possibile solo a detrimento di modelli pedagogici e di forme di trasmissione del sapere che avevano in vista la formazione dell'uomo e non di una collettività.

Di fronte a questo fenomeno valgono i criteri di giudizio e di presa di posizione espressi in precedenza. Ciò che è stato sacrificato in vista di migliorie che sono essenzialmente di tipo quantitativo e materiale, sono elementi o aspetti accessori o centrali delle concezioni di senso e valore che sposiamo? I guadagni di tali rivoluzioni, al netto di vantaggi contingenti e non essenziali, possono essere considerati fattori di realizzazione di ciò che è propriamente umano, o veicolano al contrario, dietro il mellifluo volto della civilizzazione, abbrutimento e disumanizzazione? Essi ci emancipano realmente, o ci espongono a forme di coercizione fisica e morale, e di manipolazione emotiva ed ideologica, di una qualità e di una sostanza sconosciute alle epoche precedenti? In altre parole, le conquiste della Modernità ci liberano o ci incatenano?

4. Theuth, Thamus e i sapienti insipienti

Il mito di Theuth dimostra come, sin dall'origine della cultura occidentale, vi fosse piena consapevolezza che la scrittura recasse in sé il sommo rischio di sostituire l'autentica conoscenza con un suo arrogante simulacro, e che colui che vi fosse ricorso in sostituzione a memoria e tradizione orale si sarebbe allontanato tanto dalla verità quanto più convinto di essere sapiente.

Che cosa pensare, dunque, dell'età dell'informazione, che pone a proprie fondamenta la scrittura e la sua evoluzione digitale, l'informatica?

Racconta Platone nel Fedro che, tra le molte arti di sua invenzione, Theuth consigliò a re Thamus sovrano d'Egitto la scrittura, la quale fu presentata dal Dio inventore come il sommo farmaco della memoria e della sapienza.

La risposta di re Thamus, pronunciata *in illo tempore*, nell'epoca beata di un'umanità prossima al divino, testimonia il rischio che sin dall'aurora i nostri padri d'Occidente intravidero nel potente farmaco di Theuth.

Ammonisce Thamus: *«O ingegnosissimo Theuth, c'è chi è capace di creare le arti e chi è invece capace di giudicare quale danno o quale vantaggio ne ricaveranno coloro che le adopereranno. Ora tu, essendo padre della scrittura, per affetto hai detto proprio il contrario di quello che essa vale. Infatti, la scoperta della scrittura avrà per effetto di produrre la dimenticanza nelle anime di coloro che la impareranno, perché fidandosi della scrittura si abitueranno a ricordare dal di fuori mediante segni estranei, e non dal di dentro e da se medesimi: dunque, tu hai trovato non il farmaco della memoria, ma del richiamare alla memoria. Della sapienza, poi, tu procuri ai tuoi discepoli l'apparenza e non la verità: infatti essi, divenendo per mezzo tuo uditori di molte cose senza insegnamento, crederanno di essere conoscitori di molte cose, mentre come accade per lo più, in realtà, non le sapranno; e sarà ben difficile discorrere con essi, perché sono diventati portatori di opinioni invece che sapienti.»*

La risposta di Thamus, nella sua straordinaria ricchezza e profondità, meriterebbe una attenta meditazione che qui non affronteremo. Ci limiteremo invece a commentarne le tre tesi salienti al fine di distillarne la quintessenza, a conclusione del percorso finora intrapreso.

Innanzitutto, Thamus afferma che coloro che inventano le arti non sono i medesimi che possono giudicarne rischi e utilità. Si tratta di un ammonimento che suona profetico all'alba dell'affermazione tecnocratica.

L' "inventore di arti" dell'epoca della tecnica è infatti colui che applica quel particolare sapere orientato in senso eminentemente pratico e produttivo che è la scienza moderna, ossia colui che comunemente chiamiamo scienziato, ma che sarebbe opportuno invece chiamare tecnico, essendo nel nostro tempo il momento conoscitivo subordinato a quello pratico/applicativo.

Come più volte abbiamo ricordato, la scienza moderna non pensa: stando così le cose, le è estraneo qualsiasi genere di questione che riguardi il senso e il valore. Solo chi pensa, dunque, è legittimamente titolato a pronunciarsi sull'opportunità o meno delle applicazioni scientifiche: devolvere potere politico alla "scienza" – o dichiararlo per legittimare o coprire le proprie scelte politiche – è affidarsi a un sistema di automatismi, o presunti tali, che pretendono di sottrarre alla prassi politica i momenti della riflessione, della scelta, della discussione e della negoziazione, che invece le sono connaturati. È sotto agli occhi di tutti come questo appello alla scienza venga utilizzato negli ultimi anni per giustificare nuove forme di governo autoritario. La consapevolezza di questo rischio era, come leggiamo, già chiara a un greco del IV secolo prima di Cristo.

Thamus, consapevole che ogni arte non è buona o malvagia in sé, ma lo diviene in base all'utilità in vista del fine che, tramite essa, si intende adempiere, dichiara che la scrittura sarà inadeguata tanto come sostegno alla memoria, quanto a produrre sapienza.

Caso esemplare di eterogenesi dei fini, il farmaco della memoria che dovrebbe produrre sapienza annulla la memoria e precipita lo sventurato che vi ricorre nell'abisso dell'opinione e dell'insipienza. Ricordiamo qui la natura ancipite del termine *pharmakon,* che a seconda della ricorrenza può significare tanto rimedio quanto veleno.

I motivi dell'esito catastrofico paventato da Thamus sono appunto quelli emersi nel corso della nostra disamina: la scrittura, che altro non è che un mezzo di registrazione e trasmissione dell'informazione – e in quanto tale, l'informatica non ne è che lo sviluppo digitale – non produce cultura, ossia non educa ad una conoscenza viva ed incarnata, ma si limita a trasferire qualsiasi dato che possa essere registrato, senza alcuna preoccupazione per la sua verità o per le sue modalità, tempi e possibilità di ricezione. Identificare accesso al testo scritto e possesso di autentica conoscenza, nonché di un'opportunità eletta di formazione, è un enorme fraintendimento. Questo è il motivo per cui nessun testo scritto potrà mai sostituirsi a un autentico educatore nel processo pedagogico, e perché la forma orale e dialogica sia indispensabile e non surrogabile nella trasmissione della conoscenza.

Platone, fatto ben noto, trasmise coerentemente la propria dottrina integrale mediante il diretto insegnamento ai discepoli, affidandone alla forma scritta, mimante il vivo dialogo a mo' di *exemplum*, soltanto i prodromi e la dimensione essoterica.

Tuttavia Thamus non si limita a dire che accesso al testo scritto e conoscenza non si identificano, ma specifica che la scrittura produce, in chi vi ricorre, l'illusione e l'inganno di essere sapienti. Punto saliente: l'abitudine ad assimilare ciò che si ritiene conoscenza da un testo scritto, ha come effetto la possibilità che l'intero processo si riduca a un accumulo indigesto di nozioni indifferenti. Tale accumulo, nella migliore delle ipotesi, è culturalmente ininfluente; in genere, invece, essendo la scrittura un simulacro di conoscenza, essa può divenire un autentico veleno dello spirito, che tipicamente favorisce uno sviluppo intellettuale disarmonico, interamente sbilanciato a favore dell'aspetto quantitativo e nozionistico, a scapito di quello qualitativo, che invece determina autenticamente l'umana formazione.

Non a caso, sottolinea Thamus, è ben difficile discorrere con chi è avvelenato di scrittura. Ossia è difficile recuperare coloro che non sono più capaci di quella relazione dialogica che è il fondamento dell'opera maieutica.

In pratica, si tratta di barbari, ossia di incivili, di non educati, di privi di cultura, che si credono sapienti.

La nostra è una civiltà della scrittura. Come tale, essa soffre di tutte le tare che provengono da quest'ultima quando essa è assolutizzata come strumento di conoscenza e formazione. Una civiltà tronfia della propria supposta superiorità intellettuale, che in realtà è sostanzialmente ineducata ed ineducabile, incapace di qualsiasi forma di genuino dialogo e confronto, sia con chi potrebbe svolgere al suo interno un sano ruolo pedagogico, sia con chi, all'esterno, è custode di qualità e valore intatti. Una civiltà in cui gli inventori di arti si sono arrogati il potere dei sovrani legittimi; in cui dei Theuth tutt'altro che divini hanno zittito e detronizzato il Thamus che risiede in ogni uomo, e che è tempo torni a regnare con autorità e diritto di banno.

APPENDICE AL CAPITOLO

Riflessione a margine

Oggi i giovani che si riconoscono nelle istanze contemporanee, totalmente uniformati al pensiero unico, sono da considerarsi i prodotti più brillanti della filiera scolastica. Oltre a esibire una conoscenza di tipo meramente nozionistico, risultano sprovvisti di carattere e di formazione morale. Non si tratta forse di deficienze dipendenti da un errato modello di educazione ed insegnamento? Ad esempio, quanti pedagoghi oggi si impegnano nel forgiare la volontà dei ragazzi o nell'insegnare loro a coltivare il dominio di sé?

Bambini e adolescenti non hanno solamente bisogno di precetti e di parole, ma di esempi e di fatti. In questa gioventù si vede riflessa, come in uno specchio, la mediocrità del corpo insegnante, che non mira all'educazione delle personalità, ma si limita solo a testare la formazione degli studenti mediante forme di esame che sono semplici esercizi di memoria. I giovani allevati in questo modo divengono incapaci di comprendere la realtà e di assolvere a una qualsiasi funzione sociale matura e responsabile. Osserviamo i manifesti che spuntano nelle città italiane.

Vuoi diplomarti? Basta pagare; c'è anche lo sconto e in pochi mesi «tutti promossi». Vuoi laurearti? Nessun problema, ci si iscrive all'università Y e, versando qualche rata da usuraio, regalano pure la laurea con qualche test a crocette.

Corsi, corsetti, master, crediti e traguardi spostati sempre più in là per ottenere miseri posti di lavoro: tutto è strutturato per tenere le persone in perenne stato di stress, di modo tale che non abbiano alcun tempo per sé, per la vera formazione di cui necessitano.

Ecco l'immagine della scuola di oggi: luogo che non permette di sviluppare lo spirito critico e le naturali predisposizioni, idee e inclinazioni autentiche delle persone; luogo che fa credere a qualsiasi stupido di essere intelligente poiché certificato. La scuola odierna è un cancro sociale, che sforna tecnici inanimati da inserire negli ingranaggi del sistema.

«Chiudete le scuole», tuonava Papini novant'anni fa. Chissà cosa direbbe oggi di fronte al desolante scenario odierno.

LA NORMALIZZAZIONE
DEL DISSENSO

1. Sistema, antisistema e dissenso controllato

Ogni sistema politico tende alla propria autopreservazione, espellendo o neutralizzando quegli elementi che attentano alla sua integrità o ne discutono i fondamenti. I sistemi democratici, tuttavia, uniscono a questa necessità quella di dover integrare una certa porzione di dissenso al fine di esibire tolleranza e pluralismo. Il dissenso controllato è dunque funzionale al sistema.

Possiamo definire *sistema* un insieme di elementi organizzati al fine di costituire un'unità coerente e organica. Un sistema politico è l'insieme di princìpi, norme e istituzioni che organizzano e sorreggono una società, definendo il possesso, la forma e l'amministrazione dei poteri che in essa si esercitano. Sistema è, da questo punto di vista, sinonimo di ordine, in quanto esso stabilisce in maniera riconosciuta e condivisa i rapporti di forza presenti in un dato perimetro sociale, sottraendoli a quella dimensione caotica, di *disordine* appunto, che apre, in assenza di mediazione, al conflitto tra forze che reclamano potere e cercano di affermarsi. In altre parole, dove vige un ordine non vi è, per definizione, guerra tra parti e interessi distinti, in quanto gli elementi potenzialmente in conflitto trovano in esso una via di mediazione e di accordo, oppure, in *extrema ratio*, vengono espulsi o neutralizzati.

In Italia, l'espressione *antisistema* è, negli ultimi anni, utilizzata per definire partiti e movimenti che si prefiggono come obbiettivo quello di mondare l'attuale ambiente politico dal malcostume, corruzione e privilegi di casta, nell'ottica di un ritorno all'eticità della prassi politica e alla purezza del dettato costituzionale. Intento senz'altro lodevole, quando sincero e non demagogico; tuttavia è indispensabile chiarire che ciò che qui si ha di mira non è propriamente il sistema; piuttosto, in tale occorrenza del termine, si intende il complesso delle connivenze, degli interessi individuali e dei comportamenti inadeguati che affliggono il sistema stesso.

L'ordine politico vigente non è affatto messo in discussione; lo si vorrebbe anzi realizzare nella pienezza dei propri presupposti e princìpi. Parrebbe più opportuno, quindi, definire come *antisistema* quelle posizioni che intendono discutere realmente le premesse e le caratteristiche di tale ordine, piuttosto che emendarlo. Solo a partire da una radicale messa in discussione dei princìpi del sistema in essere vi è, infatti, la possibilità di un efficace cambio di prospettive, propedeutico a un'autentica forma di pensiero rivoluzionario. Diversamente, ci troviamo di fronte solo a posizioni che si prefiggono la preservazione, il rinforzo e la rettificazione del paradigma esistente, tale per cui il prefisso *anti* nella loro definizione risulta essere ampiamente equivoco e fuorviante. Ogni sistema tende ad autopreservarsi, ossia ad accogliere in sé istanze e posizioni che lo sorreggono e lo fortificano, o, in alternativa, a tollerare quelle forze che non ne minano le fondamenta, o che non costituiscono un rischio per la sua sussistenza. Ciò che invece è considerato pericoloso o nocivo, viene da esso neutralizzato o espulso come un qualsiasi veleno o corpo estraneo. Ogni sistema, dunque, a seconda delle caratteristiche specifiche, elabora anticorpi adeguati alla propria costituzione e fisiologia, i quali di necessità non sono gli stessi per ogni ordinamento, ma anzi differiscono in maniera così elevata che spesso non sono neppure riconoscibili, in contesti diversi e, a prima vista, come appartenenti alla medesima categoria e assolventi all'identica funzione. In particolare, il modo in cui un ordine che si regge su princìpi democratici tratta il dissenso, è unico e peculiare proprio perché, secondo i propri presupposti, la democrazia è l'ordinamento che tutela le minoranze e le differenze ideologiche, e il dissenso, di conseguenza, uno degli elementi che dovrebbe difendere. Va da sé che, in base al principio dell'autoconservazione, il dissenso che essa può tutelare non può realmente mettere discussione l'intero sistema: per essere integrato nel tutto, esso deve essere o ininfluente sul piano dei rapporti di forza, oppure non essere abbastanza radicale da minacciare i fondamenti democratici. Definiamo dissenso controllato quella porzione del dissenso che, in quanto sostanzialmente innocua, viene integrata nel sistema democratico in modo funzionale e organico: tale integrazione, infatti, viene esibita a dimostrazione che l'ordine democratico non manca alle sue promesse di salvaguardia della differenza, e di conseguenza conferma l'insieme nei propri presupposti.

2. La repressione: una questione di stile

A differenza dei regimi autoritari, gli ordinamenti democratici utilizzano, nella repressione del dissenso, forme peculiari che permettano loro di non contraddire, in apparenza, i propri princìpi fondanti. Tale effetto si ottiene mediante modalità morbide che l'opinione pubblica non percepisce come violenza o coercizione, e pertanto accetta senza interrogarsi sulla loro natura e finalità.

Come qualsiasi altro ordinamento, anche quello democratico non può tollerare nessuna posizione realmente critica, e quando si sente in pericolo reagisce con la ferocia tipica di un animale minacciato. Ciò che su questo piano lo distingue dalle forme non democratiche, non è la *non* persecuzione del dissenso che considera pericoloso, quanto piuttosto le forme in cui tale persecuzione viene condotta, le quali differiscono sensibilmente da quelle di ordinamenti che non ne hanno cattiva coscienza, ossia che non avvertono contraddizione tra tale prassi e i propri princìpi. Le democrazie, pertanto, non potendo semplicemente eliminare o espellere il dissenso pericoloso, pena l'esibizione della propria intrinseca paradossalità, tendono, come *modus operandi* ordinario, a delegittimarlo o a squalificarlo: il dissenso pericoloso è *non* discorso e pertanto *non* può essere oggetto di dibattito nel consesso civile. In particolare, la categoria fondamentale di questo processo di delegittimazione è quella di *fascismo*, termine che non ha più alcun reale collegamento con alcuna realtà storica o politica dello scorso secolo, ma che ingloba in sé ogni ventaglio di possibilità *non* democratiche, o semplicemente critiche, da stigmatizzare ed espellere a monte di qualsiasi considerazione. A questo termine si associano poi una selva di altre categorie analogamente delegittimanti, ma più circostanziate e specifiche, che non è necessario ricordare in questa sede visto la ricchezza di esempi che i tempi recenti ci hanno donato. Tutti questi dispositivi retorici sono utilizzati per marcare in modo inequivocabile e senza appello il perimetro del lecito e del pensabile, investendo di infamia non solo il pensiero colpevole ma anche il pensatore. Numerosi e sempre più frequenti sono i casi di intellettuali, scienziati o artisti la cui credibilità e immagine pubblica sono state demolite per aver varcato il confine invisibile e periglioso.

Dal confronto tra i metodi utilizzati dalle democrazie per zittire e neutralizzare il dissenso non normalizzabile, e quelli utilizzati invece dai regimi autoritari, i quali non esitano a ricorrere a tal fine anche alla violenza pubblica e ostentata, in genere si deduce una maggiore tolleranza e umanità delle prime rispetto ai secondi. È tuttavia necessario ricordare che, al fine di valutare l'attitudine di un sistema verso ciò che esso considera nemico, il centro della questione non siano i metodi, ma i risultati che tali metodi si prefiggono di ottenere. In linea di massima, le democrazie, che si arrogano il primato del rispetto del soggetto e delle libertà individuali, tendono, a differenza dei sistemi autoritari, a non esibire l'attività di controllo e a esercitarla ordinariamente in forme tanto sottili quanto capillari e pervasive. Esse preferiscono sostituire la violenza fisica con vari gradi di esclusione dal corpo sociale, facendo leva su meccanismi emotivi primordiali molto efficaci, quali il disgusto, la paura o il senso di colpa. La morte sociale o l'esclusione dal gruppo di appartenenza, possono essere una minaccia tanto terrificante – quindi tanto efficace – quanto tollerabile da parte dell'opinione pubblica, la quale viene opportunamente educata alla repellenza e all'indignazione nei confronti del pensiero pericoloso, nonché a identificare la violenza e la coercizione fisica come soglie esclusive e non oltrepassabili dell'autoritarismo. A differenza dei regimi autoritari, che necessitano di esibire la propria forza muscolare in linea con la tendenza a mantenere costante la tensione e la mobilitazione delle masse, le democrazie preferiscono invece che i propri sudditi siano sostanzialmente inerti e disinteressati, e che l'umore della società tenda a una sorta di rilassata fiducia nei confronti dei governi. Le democrazie scelgono dunque, finché possono, modalità di repressione morbide, non rumorose, poco appariscenti e comode, per i più, da ignorare. Da ciò si evidenzia che, se i metodi sono diversi, ciò non dipende dai fini, ma da semplici esigenze di stile di governo. Il risultato a cui si tende, in entrambi gli ordini, è il medesimo. Appurato che il sistema in cui viviamo, come qualsiasi altro, deve neutralizzare le forze che lo minacciano internamente, pena la sua sopravvivenza; preso atto che, per sua peculiare costituzione, esso necessita di *internalizzare* quote controllate di dissenso al fine di esibire la fedeltà ai propri valori fondanti; acquisita la consapevolezza che il nostro sistema non è meno aggressivo, nei confronti di ciò che considera nemico, di qualsiasi altra forma autoritaria, ma solo *diversamente* aggressivo; alla luce di tutto di ciò, la tesi che sosteniamo è che nessuna forza realmente antisistema possa essere tollerata senza venir addomesticata o resa funzionale al sistema medesimo. O si è parte del sistema, e allora lo si favorisce necessariamente – consapevolmente o inconsapevolmente non fa differenza – oppure si è estranei ad esso; ignorati finché non si è considerati un pericolo, in caso contrario da condannare e annichilire. *Tertium non datur!*

APPENDICI AL CAPITOLO

1. Gestire il dissenso

Nei regimi del passato, il dissenso era contenuto in modo autoritario, tramite repressione fisica o colpendo lo *status* sociale ed economico del soggetto non allineato. Si tratta di una modalità molto dispendiosa, in termini di risorse umane e materiali, che può essere veramente efficace solo a livello locale, ma che è poco adatta alla società di massa.

Attualmente, invece, la prassi è mantenere una certa rappresentanza del dissenso accogliendola in modo controllato all'interno del circuito mediatico, per dimostrare che il sistema è pluralista e tollera la diversità. Tutto questo è funzionale alla preservazione dello *status quo,* è una finzione democratica.

Per esempio nei *talk show,* per poter essere ammesso al consesso del discorso, bisogna prima pronunciare un atto di riconoscimento e sottomissione nei confronti del perimetro del lecito oltre il quale non è ammesso avventurarsi (ad esempio: accettazione acritica delle varie campagne sanitarie, condanna incondizionata della potenza ostile di turno o legittimazione assoluta degli abusi di forza dell'alleato).

Tale dissenso concordato non deve mai toccare le fondamenta dell'ordine, ma deve rimanere periferico e riguardare questioni di superficie.

Se casomai il dissenso diventasse ampio, non più contenibile e mettesse in discussione radicalmente le questioni fondanti, allora il potere reagirebbe in maniera scomposta e aggressiva, mostrando la sua vera natura intollerante e autoritaria.

La stigmatizzazione ideologica è una prassi consolidata delle democrazie moderne, laddove le idee non possono essere criminalizzate direttamente – pena l'infrazione di un principio fondante ampiamente millantato, quale quello della libertà di pensiero – e pertanto si ricorre alla squalifica morale e alla condanna sociale del pensatore che ha l'incauto ardire di esprimerle pubblicamente. Si pensi a termini quali fascismo, razzismo, omofobia.

Se, in maniera non allineata, si toccano temi come la gestione dei fenomeni migratori e i problemi legati al multiculturalismo, la teoria del *gender e* le basi scientifiche e ideologiche del modello LGBT+, il revisionismo storico e la critica dei meccanismi democratici e rappresentativi –

giusto per citare alcuni dei temi che rendono più aggressivo il dibattito pubblico – esiste già un'etichetta preconfezionata da appiccicare alla fronte dello sciagurato disturbatore a mo' di pubblica gogna.

2. Negazionismo

Si sente sempre più spesso parlare di *negazionismo* climatico, e c'è già chi oggi invoca il legislatore affinché lo si definisca come un crimine da perseguire.

In sostanza, ovunque il potere affermi una versione ufficiale, chi vi si oppone è definito *negazionista*. Non è una novità: già in epoca psicopandemica abbiamo familiarizzato con tale espressione, che veniva utilizzata per stigmatizzare chiunque avanzasse riserve di qualsiasi genere riguardo alla vulgata virale.

Il *negazionismo* non definisce una posizione teoretica, ermeneutica, epistemologica, o semplicemente un'opinione: esso è di fatto una categoria politica che viene utilizzata per colpire il dissenso in merito all'interpretazione di fatti fondanti l'ordine vigente, e che pertanto non possono essere discussi senza discutere il sistema stesso.

Questo dovrebbe farci riflettere sul significato e sull'opportunità dell'utilizzo di tale termine in ogni contesto, visto che si tratta evidentemente di un'arma nelle mani di chi le questioni le vuole risolvere liquidando – meglio se in un'aula di tribunale – ogni forma di dibattito.

GUERRA E PACE

1. Pace e libertà

Pace e libertà sono termini che da sempre fungono da strumenti perfetti al servizio di propaganda e ideologia. Proprio per questo il loro utilizzo andrebbe costantemente vagliato dalla ragione critica, onde debellare il tentativo di esautorare il pensiero ricorrendo alle tare dell'emotività.

Pace e libertà sono due parole il cui abuso è alla base di gran parte della retorica propangadistica di ogni tempo. Il potere ama rifugiarsi dietro parole che nessuno osa mettere in discussione, dopo averne opportunamente coltivato lo svuotamento semantico, al fine di costruire un consenso tanto inattaccabile quanto si sarà saputo legarvi una risposta emotiva corale pre-razionale e acritica.

La razionalità critica, infatti, è inconciliabile con il puro esercizio del potere; il potere mal sopporta richieste di senso e di causalità. Per questo, facendo leva su facoltà che precedono ordinariamente quella razionale, perché direttamente chiamate in causa dall'istinto di sopravvivenza, quali appunto la facoltà emotiva, esso ha da sempre buon gioco nell'eludere l'esigenza razionale soddisfacendo bisogni primari, quali la rassicurazione dalla paura per l'incolumità propria o del gruppo di appartenenza, o il senso di identità e inclusione alla comunità di cui ci si ritiene parte o a cui si aspira.

In questa ottica, la pace, evocata acriticamente come universale astratto, è l'assenza di una minaccia esterna incombente, che equivale a un riparo dal rischio di morte *in primis*, ma anche da quello di sofferenza e privazione causate da uno stato di violenza e precarietà diffuse. Analogamente, la libertà in quanto generica assenza di costrizioni o sopraffazione, è una condizione particolarmente desiderabile perché il bisogno di muoversi e agire secondo la propria volontà è connaturato a quello di salute, sicurezza materiale e realizzazione.

Evocare pace e libertà, dunque, crea le condizioni per un'adesione emotiva scontata e acritica, che può essere in qualsiasi momento capitalizzata per fini politici, in forma di consenso incondizionato da una parte, e, dall'altra, di ferreo dissenso verso chiunque sia identificato come colui che mette in discussione istanze legittime e inalienabili.

Eppure, come dovrebbe essere evidente a tutti, se la politica è l'arte del possibile, essa di certo non è l'arte dell'universale. La politica autentica, la grande politica, è il tentativo di adeguare, prima attraverso la teoria e la conoscenza, poi mediante l'esercizio del potere legittimo, la realtà umana e sociale a dei princìpi riconosciuti come fondanti, in un costante percorso di approssimazione e adattamento del concreto all'ideale. Tralasciando ora la questione su chi detenga conoscenza e potere legittimo, ossia l'autorità, ciò che qui preme sottolineare è che l'appello al nudo principio, ossia all'universale, nella prassi politica non soddisfa mai l'esigenza autentica di quest'ultima, che è la mediazione concreta e tangibile dell'universale al particolare, del principio considerato alla specifica contingenza storica e sociale a cui si intende applicarlo.

Questo chiarisce perché, i più antitetici movimenti politici, hanno potuto chiamare in causa indifferentemente pace e libertà attribuendo loro in maniera assolutamente spregiudicata qualsiasi significato congeniale alla propria particolare visione, o all'opposto, lasciando i termini totalmente indeterminati – quali stupefacente ossimoro –, in quanto colmi di quel *pathos* emotivo che naturalmente soddisfa i palati di masse smaniose di ideologia e ovvie certezze.

Dovrebbe, a questo punto, essere evidente che, ogni volta che si sente nominare libertà e pace, la prima strategia di tutela dalla manipolazione dovrebbe essere l'esigere che quei termini fossero chiariti e riempiti di un significato definito e intellegibile, se non addirittura di un contenuto programmatico. Esigenza che oggi, dopo anni di emergenza sanitaria, e dopo l'inizio di una guerra in seno all'

Europa dai possibili esiti catastrofici, è sempre più avvertita, a fronte delle vuote parole che echeggiano ovunque in modo estenuante, grazie alle voci melliflue delle aule del potere, o alle urla scomposte delle piazze dissidenti.

2. La retorica della pace

1. La retorica della pace è stucchevole quanto quella della guerra. Si può avere pace solo dopo che si è avuta giustizia, altrimenti chiedere pace senza esigere giustizia è come voltarsi dall'altra parte di fronte a un crimine perché si preferisce non vederlo o far finta che non esista.

2. La guerra è un evento tragico ma, in un mondo pieno di ingiustizie, è inevitabile. Quando si combatte per riparare un torto, un crimine o un sopruso, non bisogna vergognarsene ma esserne fieri. Chi si vergogna di combattere è perché è dalla parte sbagliata e lo sa.

3. Le grandi nazioni moderne non combattono per ideali, ma per i propri interessi. Ad esempio, combattere per la sicurezza nazionale è il legittimo interesse di una nazione, mentre combattere per la libertà, la democrazia o i diritti di un altro paese è una favola. In altre parole in questo contesto non esistono ideali, ma eventualmente interessi inconfessabili.

4. La guerra comporta delle responsabilità. Per prima è che si assumano i rischi delle proprie scelte combattendo in prima persona. La seconda è che se ne paghino le conseguenze in caso di sconfitta.

La terza è che si abbia rispetto del proprio nemico, combattendo in modo leale e riconoscendogli comunque dignità e diritto.

5. Dal momento che oggi si combatte per lo più per motivi che si ha vergogna di dichiarare, e lo si fa in modo sleale e irresponsabile, senza onore e senza rispetto non solo del nemico, ma spesso neppure degli alleati, la guerra è diventata una cosa sporca e odiosa, forse addirittura peggiore di tutti i torti che si vorrebbero raddrizzare.

DEMOCRAZIA ed ASTENSIONISMO

1. Mistificazione semantica

«Quando le parole perdono il loro significato, gli uomini perdono la loro libertà».

(Confucio)

Che cos'è la mistificazione semantica?

È lo stravolgimento del significato *etimologico* delle parole.

Assistiamo quotidianamente a tali processi indotti dai media che impattano inevitabilmente sullo psichismo delle masse e conducono alla perdita di punti di riferimento concettuali e della ragione critica.

Soffermiamoci a tal proposito sull'utilizzo ossessivo di termini quali *fascismo* e *democrazia* con, annesse, valenze rispettivamente negativa e positiva. L'approccio critico nei loro riguardi viene precluso a chi non abbia preventivamente ottenuto l'agibilità discorsiva *democratica*, accettando quei *diktat* semantici al di là dei quali non bisogna spingersi.

Fascista è una definizione senza valore oggettivo in quanto nel suo banale utilizzo non vi è alcun rapporto con la realtà storica del Fascismo.

Il termine è diventato però fluido e soggettivo, con un chiaro significato criminalizzante.

Ecco la logica della neolingua: neo-significati conferiti a termini usuali, destoricizzazione, decontestualizzazione, stravolgimento dell'ordine cronologico.

In quest'ottica l'etichetta *fascista* viene così appiccicata a persone, organizzazioni, gruppi informali, senza che vi sia un oggetto che corrisponda alla parola.

Democrazia: altro termine di estrema ambiguità. L'aggettivo *democratico* è diventato sinonimo di gentile, educato, onesto, libero e aperto di mente. Si identificano con il termine, dunque, connotazioni morali positive, quando in realtà esso appartiene eminentemente al lessico politico e denota una precisa tecnica di governo.

2. Oligarchie neoliberali

Le tecniche mistificatorie servono a cambiare la percezione collettiva e soggettiva di temi e questioni. Nel caso dei sistemi politici vigenti è palese che l'attuale democrazia occidentale non è affatto tale – perlomeno finché le parole hanno un senso – ma una oligarchia di minoranze avallata elettoralmente da masse manipolate mediaticamente, attraverso una propaganda incessante che ne ingegnerizza il consenso, dosando accuratamente informazione e menzogna, narrazione e silenzi.

A tali oligarchie neoliberali mascherate da democrazie, non servono valori di comunanza e identità; non serve una cultura intesa come patrimonio di opere e retaggio di pensieri. Servono uomini sciolti da quei legami di gerarchia sociale, memoria storica e rispetto generazionale, che in ogni epoca sono stati alla base della vita di qualsivoglia comunità. Servono uomini moralmente fiacchi, esistenze esauste a cui offrire i propri prodotti, da circuire e annientare con mode e distrazioni.

Una delle maggiori caratteristiche delle società liberali è la loro indifferenza di fronte alle eredità culturali, alle identità collettive, ai patrimoni storici e agli interessi nazionali.

Lo testimoniano – a titolo di mero esempio – la vendita all'estero del proprio patrimonio artistico; l'interpretazione dell'utilità in termini di redditività commerciale a breve termine; lo sconvolgimento del tessuto sociale-urbanistico delle città e dei paesi; la dispersione delle popolazioni e l'organizzazione sistematica delle migrazioni da altri continenti; la cessione a società multinazionali della proprietà o della gestione di interi settori delle economie e delle tecnologie nazionali; la libera diffusione di mode culturali esotiche; l'assoggettamento dei media a modi di pensare e parlare legati allo sviluppo delle superpotenze politico-ideologiche del momento. Tutto ciò deriva logicamente dalla messa in opera dei postulati fondanti della dottrina liberale.

Privato in tal modo di ogni confine e di ogni sostegno temporale e sociale, l'uomo delle società liberali perde il suo statuto di cittadino, scivolando progressivamente verso quella condizione di individuo condannato all'indifferenza e al nichilismo, che il sistema cerca di celargli frastornandolo con un benessere materiale sempre più sfuggente.

3. La questione dell'astensionismo

In occasione delle elezioni politiche del 2022, a seguito della posizione espressa da Weltanschauung Italia in merito alla questione del voto – si badi bene, non riguardo a questa occasione, ma in generale sulla prassi elettorale – si è accesa un'aspra polemica sul presunto appoggio concordato dalla sigla al fronte astensionista; polemica ampiamente fomentata da alcune personalità di spicco della cosiddetta galassia antisistema (!) che concorrevano alle elezioni e che individuavano in coloro che non votavano un prezioso bacino di voti da accaparrare.

I toni scomposti e surreali della polemica nei confronti degli astensionisti ricordarono addirittura quelli della stampa mainstream nei confronti dei cosiddetti no-vax: demonizzazione di un'intera categoria a prescindere dalle ragioni che ne motivavano le scelte, appelli alla redenzione, stereotipizzazione del soggetto da screditare e delegittimare, gogna pubblica e non troppo velate minacce di ritorsione e responsabilità nella catastrofe. Il testo che segue è elaborato a partire dalle risposte che Weltanschauung Italia produsse a seguito di due distinti episodi di provocazione sul tema.

Compresa la reale natura oligarchica del regime democratico nelle società occidentali, c'è chi decide di astenersi dalle urne elettorali e non prestarsi a tale finzione. Accade così che, per gli interessati a sfruttare il meccanismo del consenso in sedicente funzione *antisistema*, chi si esprime contro il voto viene automaticamente considerato o un *infiltrato*, o un *utile idiota*. Questo è quello che affermano con convinzione e insistenza molte aree della *dissidenza* che cercano la via parlamentare per il cambiamento. Per costoro, pensare di far crollare il sistema mediante l'astensione è un'ingenuità, mentre l'unica soluzione coerente sarebbe, invece, di canalizzare tramite il voto tutto il malcontento verso l'attuale situazione politica in direzione di forze *rivoluzionarie* organizzate in forma partitica, capaci di realizzare *da dentro* tutte le riforme che potrebbero cambiare l'attuale assetto di potere.

Concordiamo pienamente sul fatto che non votare non porti a nessun crollo sistemico: il sistema non è intaccato né dal voto né dal non voto. Chi pensa che non votare possa portare a un cambio di regime è di certo un ingenuo, anche perché si scontrerà sempre con quelle masse organizzate di votanti che sono le basi militanti dei partiti, le quali esisteranno finché esisterà il sistema partitico. Non concordiamo, invece, sul fatto che i motivi per cui non si vota siano esclusivamente l'idea di favorire il crollo del sistema, o la sfiducia nella politica, o il volontario sabotaggio di un'area o un soggetto politico (come se recuperati i voti degli astenuti, questi potessero essere sicuramente e automaticamente capitalizzati a proprio vantaggio, cosa tutta da verificare). Altrettanto problematica è l'affermazione che esista la possibilità di un'autentica *rivoluzione* che passi attraverso la via riformista. Una riforma del sistema non è una rivoluzione: è una possibilità che il sistema contempla e di cui ha congeniti tutti gli anticorpi necessari affinché non degeneri nella dissoluzione del sistema stesso. Quindi parlare di *rivoluzione riformista* è una pura forma retorica: nessun cambiamento radicale può avvenire per via parlamentare, semmai un suo raddrizzamento, o una sua moralizzazione, o un ripristino della regolare prassi democratica. Nessuna di queste possibilità è tuttavia rivoluzionaria, ma a favore del sistema e per una sua normalizzazione.

La posizione che sosteniamo non è in alcun modo assimilabile a nessuna delle possibilità citate. È facilmente verificabile che in ogni occasione elettorale essa non è cambiata: non è nata con le ultime elezioni e pertanto non ha relazioni con il dibattito recente, ed esso non l'ha spostata di un millimetro.

Non nasce da alcun calcolo politico, né si prefigge alcun risultato sul campo elettorale; non dà alcuna speranza infondata (che, tra l'altro, nessuno può dare) e non pretende di essere la soluzione giusta per tutti. Non l'abbiamo mai promossa invitando qualcuno a non votare, ma anzi, abbiamo invitato a votare chiunque si riconosca nel sistema parlamentare, non tacendo tuttavia quelle che sono le nostre riserve sul rito elettorale e sul sistema parlamentare/rappresentativo. Non votare è semplicemente l'unica risultante che può scaturire dai nostri princìpi e dalle assunzioni che riteniamo valide.

La nostra posizione nasce da una radicale messa in discussione del sistema stesso: è quindi indifferente alle vicende della piccola politica. È una scelta politica responsabile, non perché riteniamo produca un effetto calcolato e favorevole rispetto agli equilibri parlamentari, ma perché esprime una visione politica coerente e meditata, che in sostanza è il rifiuto di partecipare al meccanismo parlamentare e rappresentativo. Chi rifiuta *in toto* la visione politica liberale e moderna, semplicemente rifiuta il suo calendario e i suoi riti. Non c'è nulla da riformare: il sistema riformato è ancora il sistema. Finché desidereremo perseverare in questa forma d'ordine non ci sarà alcuna rivoluzione autentica, ma solo la riproduzione delle medesime logore dinamiche che, dal nostro punto di vista, non sono accidentali, ma costitutive e logicamente conseguenti ai presupposti del sistema stesso.

È partendo dalla costruzione di una visione del mondo realmente antagonista che si può costruire il cambiamento; non da un'attività politica, per quanto genuina e retta dalle migliori intenzioni, improntata a redimere la piccola, vecchia, stanca politica. È per questo motivo che secondo noi la battaglia è prima di tutto – ed essenzialmente – culturale.

Chi considera sé e il proprio entourage l'*élite* culturale dell'*area della resistenza,* dovrebbe avere chiara cognizione del fatto che la critica strutturale (e non contingente o storica) del sistema parlamentare/rappresentativo ha una lunga e autorevole tradizione filosofica e politologica, la quale non può essere semplicemente liquidata come confusione elettorale, e che i suoi esponenti più insigni sono ben più credibili e hanno uno spessore intellettuale ben più consistente di qualsiasi odierno intellettuale di provincia che pretenda di sbarazzarsene con le solite etichette di comodo. Se si esclude dalle possibilità del non voto l'adesione a tale orizzonte del pensiero critico, o lo si ignora, e allora consigliamo di rivedere la propria autoelezione al ruolo di *élite* culturale, o lo si tace deliberatamente, e in questo caso non si è in buona fede, volendo dimostrare che non esiste alcuna ragione coerente e sensata per sottrarsi alla liturgia elettorale. Piuttosto che etichettare gli astensionisti come gentaglia o idioti, sarebbe utile, a chi cerca appoggio e voti, prima di tutto il concentrarsi nel convincere i titubanti – non di certo noi – dando prova che esista realmente un'alternativa politica nella politica, cosa che è ancora lungi dall'essere dimostrata, visto che a partire dalle ultime elezioni non abbiamo visto altro che il costante ripetersi delle solite consunte e deprimenti lotte di potere e dinamiche di partito, il cui spettacolo è alla base della disaffezione e sfiducia della maggior parte del potenziale elettorato.

Il cambio di paradigma culturale non ha bisogno di organizzazioni, ma di centri di irradiamento, e non è nelle possibilità di qualcuno prevederne i tempi, anche perché una visione del mondo si afferma, non si impone. Uno stato dello spirito può cambiare in pochi mesi o in più secoli, dipende da una enorme quantità di variabili, non solo umane. Lungi dal fare previsioni, ci limitiamo a conservare e tramandare i semi fecondi di un futuro ancora da scrivere.

L'accusa di *gatekeeping* ci lascia totalmente indifferenti: si può estendere a chiunque e con qualsiasi argomento; in pratica è insignificante.

Se fossimo interessati ad utilizzare la medesima retorica, potremmo ad esempio sostenere che è *gatekeeper* chi vuole incanalare il dissenso verso il voto, che nella nostra prospettiva è un vicolo cieco. Come si vede si tratta di argomenti tanto facili quanto fragili.

Non vediamo, inoltre, a che titolo dovremmo fornire scuse e giustificazioni a chicchessia per la nostra presunta *inattività*: non abbiamo alcuna mania di attivismo, anzi. Tra il *fare* e l'*essere*, diamo decisamente priorità all'*essere*. Consigliamo a tutti di dare una forma a se stessi, prima di pretendere di dare una forma al mondo.

Chi chiede a noi alternative alla piccola politica, considera la piccola politica un'alternativa a cui sia possibile sottrarsi? Ritiene esista (condivisa o meno) un'alternativa di pensiero che possa essere fatta valere con le armi?

Per noi no. Non esiste attualmente né un'alternativa praticabile al sistema parlamentare/rappresentativo, né un'alternativa rivoluzionaria da far valere con la lotta. Questo perché non esiste né un autentico pensiero politico alternativo, né una massa critica pensante da far valere sul piano rivoluzionario.

Quindi, lo ribadiamo, l'unica cosa da fare è costruire le condizioni per il cambiamento, che sono un cambio radicale di paradigma culturale. Se lo si ritiene inutile, temiamo, è perché si sono perse le categorie per concepire il cambiamento. Se non si sa pensare il cambiamento, non c'è nulla da cambiare, e allora si voti, si sogni la democrazia, si leggano i giornali e ci si trastulli con l'Occidente, la libertà e i diritti.

Ci si chiederà allora: come governare e amministrare il paese? Il potere non desidera il nostro appoggio (né quello di nessuno) per governare o amministrare: chiede solo di credere alla finzione elettorale quel tanto che basta a reggere il teatro democratico. Per il resto, le decisioni non sono minimamente determinate dal consenso di nessuno. Se qualcuno ha qualche risultato – in termini di cambiamento reale del paradigma – ottenuto mediante il voto da portare come contributo alla discussione, è il benvenuto, altrimenti ogni discorso sulla necessità e responsabilità del votare è pura e semplice retorica.

4. Strane alleanze

Fin da quando la cosiddetta area del dissenso ha cominciato a strutturarsi in piazze, movimenti e partiti, abbiamo segnalato la necessità di delimitare dei seri e credibili confini ideologici, nonché i rischi di una occasionale e disomogenea aggregazione basata esclusivamente sull'opposizione a situazioni particolari e contingenti e non su princìpi solidi e fondanti.

Ora che questa esigenza viene rumorosamente invocata a più voci, riproponiamo la questione a partire dai dati e dalle distinzioni più ovvi e scontati.

Non è possibile alcuna reale alleanza tra i difensori della democrazia e della costituzione, ossia coloro che vogliono mondare il sistema, e chi avanza istanze radicali di cambiamento, ossia chi il sistema lo critica alla radice in nome di ideali che per molti possono apparire utopici, ma che per qualcuno sono più reali della realtà mondana. In altre parole, non si può voler sanare e distruggere il sistema al medesimo tempo.

Allo stesso modo non è possibile alcuna reale alleanza tra cattolici e comunisti, laddove tali espressioni hanno ancora un significato reale e caratterizzante. Innanzitutto per il dato più banale e scontato: per i cattolici il primato del diritto spetta a Dio, mentre all'uomo solo di conseguenza; per i comunisti, invece, spetta alla società, la cui dialettica storica viene interpretata alla luce del modello ermeneutico della lotta di classe.

Per i primi l'ordinamento sociale non può che essere gerarchico, anche nella sua espressione democratica; per i secondi, al contrario, vale un modello di società orizzontale ed egualitaria. La differenza non è dovuta a fattori contingenti ma sostanziali: al modello cattolico corrisponde una visione verticale e trascendente della realtà dove l'autorità proviene da Dio ed è affidata, fintanto che rimane fedele al mandato, a chi lo rappresenta in terra; a sostenere il comunismo è, invece, il materialismo storico, ossia una visione immanente in cui senso e valori sono in balìa di forze puramente umane, temporali e sociali.

Ad essere radicalmente diversa nei due assetti ideologici, al punto da costituire un fattore critico di conciliabilità anche solo superficialmente, è l'idea di uomo che vi si trova alla base. Ad esempio, se apparentemente ci si può accordare su una presunta condivisa idea di dignità umana, basta soltanto confrontarsi su temi che mettono concretamente alla prova tale principio astratto – quali ad esempio eutanasia e aborto – per veder crollare l'intero castello di carta. Proponiamo di partire da questa distinzione fondamentale – orizzontalità o verticalità delle idee di uomo e società – per iniziare a delimitare i confini delle aree di appartenenza e per discriminare alleanze destinate prima o poi a scontrarsi quali identità ideologiche distinte e inconciliabili.

Occorre precisare che cattolicesimo e comunismo non rappresentano, secondo uno schema riduttivo e improprio, due distinti ambiti che in genere vengono identificati come *religione* e *politica*, bensì due visioni del mondo totalizzanti sorrette da precise e antitetiche assunzioni metafisiche. Pertanto sono entrambi *religione* e *politica*, in quanto veicolano un contenuto di fede primario, dei precisi metodi di adesione e conformazione del singolo alla realtà ideale e, allo stesso tempo, una visione dei rapporti di potere e un modello sociale a cui la collettività è tenuta ad adeguarsi.

L'idea che quella che chiamiamo *religione* non debba occuparsi di *politica* è tipicamente moderna, ossia di un mondo che ha scordato o disconosciuto la natura complementare e compenetrante di questi due domini. Allo stesso tempo disconoscere la matrice religiosa delle ideologie politiche contemporanee (comunismo *in primis*) è una ingenuità che non permette di comprenderne i moventi pre-razionali e irriducibili alla dimensione meramente economica ed amministrativa, i quali rendono ragione, invece, nella loro degenerazione, delle varie forme contemporanee aberranti di totalitarismo o fondamentalismo, altrimenti enigmatiche.

5. Nuove forme di sussistenza

Negli ultimi tempi il dibattito sul cosiddetto "diritto al reddito" si è nuovamente accesso.

L'obiezione più comune nei confronti del Reddito Universale (di cui il Reddito di Cittadinanza è stata solo una sperimentazione locale e su scala ridotta) è che sarebbe economicamente insostenibile se riguardasse una larga parte dell'umanità mondiale. Il Reddito Universale è invece da considerarsi un ottimo investimento, finanziato mediante il lavoro di macchine e automazione, che ha il fine politico di rendere dipendenti i cittadini da chi eroga il reddito, sia esso lo Stato o un'entità sovranazionale.

Il lavoro è di certo una maledizione, ma garantisce comunque un margine di autonomia che un'umanità comprata e mantenuta dal potere non potrà neppure sognare.

L'illusione che Reddito Universale e surrogati possano essere possibilità e condizione di avanzamento sociale, si infrange miseramente sul dato oggettivo che ogni iniziativa politica attuale volge allo smantellamento dello stato sociale e del diritto, in vista dell'accentramento del potere in mano a multinazionali, oligarchi e finanza transnazionale che si contendono l'egemonia della proprietà privata e del diritto di banno.

Oggi è l'economia che decide della politica. Esiste un adagio molto diffuso nell'ambito dell'economia digitale che descrive perfettamente questo processo: nulla nel mercato è gratuito; se avete l'impressione che qualcuno vi regali qualcosa, la merce siete voi. Vediamo già una larga fetta dell'umanità pronta a svendersi nell'illusione di un nuovo Eden privo di lavoro e dei dolori del parto. Tranquilli, il reddito di cittadinanza, la più grande sconfitta della società, non sparirà. Anzi, è destinato nel tempo ad essere esteso e implementato. Esso, infatti, non è un ammortizzatore sociale, ma un nuovo modello di sudditanza del cittadino nei confronti dello Stato, indispensabile dopo che il mondo del lavoro sarà stato distrutto dal collasso dell'economia e dall'introduzione di automazione robotica e intelligenza artificiale.

Se oggi sembra oggetto di una dialettica politica, è solo perché la ristrutturazione del sistema lavoro è ancora in una fase preparatoria, come le tecnologie che la renderanno possibile. Nel giro di pochi anni non ci saranno alternative, dibattiti o rimodulazioni.

La scelta tra dignità e dipendenza è reale finché esiste una forma di sostentamento autonomo: ecco perché il potere odia il lavoro.

IL FENOMENO DELL'IMMIGRAZIONE DI MASSA

1. Banalizzazione

La banalizzazione mediatica del fenomeno dell'immigrazione di massa riduce il dibattito all'osso, creando due fazioni ben distinte: quella di chi predica accoglienza a tutti i costi, cieca dinnanzi ai reali scopi di tali *rivoluzioni*, e quella di chi sbraita soltanto d'invasione, non argomentando la sua tesi in maniera esaustiva e fornendo perciò giustificazioni e *assist* a chi invece lucra in maniera vergognosa su questa vera e propria tratta di nuovi schiavi. Oltre la coltre di fumo dolosamente costruita da chi fa il mistificatore di professione, perciò, il piano appare chiaro: il peggioramento delle condizioni lavorative, soprattutto nei comparti manuali; l'esaltazione *mainstream* di fenomeni da baraccone sfruttati e disposti ad ogni assurdo sacrificio per guadagnarsi da vivere; il proliferare di grotteschi nuovi indirizzi di studio; le tanto in voga università telematiche; la saturazione voluta di determinati settori per livellarne verso il basso le condizioni contrattuali. Tutti questi fenomeni, di cui l'elenco è lungi dall'essere completo, aprono la strada a un cambiamento epocale, lasciando spazio a una nuova classe d'individui disposti ad accettare l'umiliazione per sopravvivere. Sradicati, senza consapevolezza dei propri diritti, con carovane di figli al seguito, provenienti da terre sconvolte da continui tumulti e guerre, provocate anche con la collaborazione dalle potenze occidentali, gli individui in questione sono creta da modellare, i perfetti cittadini del futuro dell'*Europa Unita*. Il meccanismo, oramai ben oleato, sembra già produrre i suoi devastanti effetti sul nostro sistema economico.

L'Italiano, in tutto ciò, che fa? Dormiente, abbandona ogni arte o mestiere, si specializza sino a 35 anni, attende con ansia il prossimo bonus o sussidio, mentre masse deportate, cariche di vane speranze e false promesse, inquinano il mercato del lavoro, provocando un netto peggioramento dello *status* lavorativo della collettività. Purtroppo, come al solito, non si crede al santo finché non si vede il miracolo.

2. Immigrazionismo

Il fenomeno dell'immigrazione di massa è da sempre oggetto di squallidi dibattiti da arena televisiva, dove improbabili esperti, scaltri giornalisti e politici d'ogni fazione, si accapigliano con falso fervore, facendo leva sulla pancia, sfruttando sapientemente la carica emozionale dello spettatore, senza mai arrivare al nocciolo della questione. Nessuno pone un quesito scomodo, né delinea scenari alternativi. La contrapposizione resta solo tra chi vuole *accogliere* a tutti i costi, sventolando il vessillo stropicciato di un obsoleto e melenso buonismo tipico di una sinistra da salotto invecchiata male, e chi sbraita d'invasione senza argomentare, portando in auge concetti tipici di una destra edulcorata, corrotta nella sua essenza, che ha rinunciato scientemente alle sue radici, alla tradizione, alla sua ragion d'essere. Il risultato? Beghe da cortile, un costante e imbarazzante pollaio senza arte né parte.

La forza del potere costituito, oggi, è proprio questa: ridurre il tutto a informe poltiglia, a puerile prospetto, a scapito della verità, della reale interpretazione dei fatti, di ragionamenti più articolati, che vengono, in tal modo, *ex ante* rifiutati dalla maggioranza, oramai assuefatta da un sistema che sbriciola il tangibile per poi ricomporlo a suo piacimento, che trita nei suoi ingranaggi chi prova a esprimere pensieri più complessi rispetto all'imbarazzante media generale.

A chi giovano tali fenomeni? Si rispetta realmente l'umanità non permettendo ai popoli di vivere e prosperare nella terra dei propri avi, a cui sono indissolubilmente legati? Che conseguenze ha un impatto migratorio di tali proporzioni sull'economia e sulla tenuta sociale dei paesi ospitanti? Quali politiche di sfruttamento dei territori in questione hanno costretto migliaia di persone a intraprendere disperati viaggi alla ricerca di un futuro migliore? È lecito pensare che si voglia minare il tessuto socio-economico dell'Europa, inquinando il mercato del lavoro e formando nuovi schiavi senza consapevolezza dei propri diritti e della lotta di classe? Domande a cui mai nessuno darà una risposta. Si resta, così, sempre ingabbiati, divisi, nel limbo di uno squallido gioco delle parti, tra chi si commuove con lo spot sulla fame e le carestie sapientemente propinato, da chi di dovere, durante i pasti, per giustificare l'ingiustificabile e accentuare il senso di colpa, e chi ulula grottesche frasi sconclusionate facilmente tacciabili di *razzismo* dai parrucconi di turno.

Se davvero si volesse una qualche coesistenza pacifica tra popoli, si dovrebbe affrontare seriamente la questione dell'immigrazionismo, senza ipocrisia, consapevoli di ciò che l'antropologia e la storia affermano sulla natura dei gruppi umani e sulle dinamiche che li relazionano.

Si è pronti ad approfondire questo discorso? Ovviamente no, se si entrasse nel merito, in maniera analitica, si verrebbe immediatamente etichettati come razzisti ed esclusi dal dibattito. Eppure, nell'attuale situazione in Europa, bisognerebbe fermarsi un attimo. L'immigrazione dei cosiddetti *disperati* del Terzo mondo verso un continente in crisi economica/sociale strutturale – dovuta da un lato alla crescente difficoltà di assorbire l'iperproduttività industriale, e dall'altro all'aumento di fenomeni di espulsione della forza-lavoro umana dai processi produttivi in virtù di una loro sempre maggiore tecnologizzazione – non è l'intrusione di qualche migliaio di persone, ma una vera e propria invasione disordinata di milioni di individui che mai potranno essere integrati, occupati e neppure soccorsi, stanti i gravissimi problemi economici/sociali, attuali e più ancora a venire.

«Le migrazioni ci sono sempre state», affermano coloro i quali non vedono il problema, come se fossero equiparabili gli spostamenti di popoli in un mondo pressoché disabitato, con enormi estensioni di terre libere e con poche comunità già completamente stanziali e sedentarie, e la situazione di oggi con un pianeta in larga parte addirittura sovrappopolato.

«Vista la denatalità europea, i migranti sono una risorsa», è un'altra delle obiezioni. Come se l'ecatombe demografica degli europei, da anni incentivata da una certa area, non potesse venire contrastata e magari invertita con idonei provvedimenti di sostegno alle famiglie. Come se un ipotetico aumento della natalità europea di per sé riducesse la pressione alle frontiere, pressione che ci sarebbe sempre in quanto nata dall'incontrollabile esplosione demografica del Terzo mondo.

Così, senza apparente sforzo, la riprogrammazione è servita: la maggioranza è aggiornata, come un *software* che, in base ad un banale algoritmo, rispecchia la sua già plasmata coscienza e linea di pensiero. Con buona pace della verità, della giustizia e dei reali interessi nazionali. Il giochino è banale e riproposto all'infinito ma, evidentemente, funziona sempre.

3. Regresso

Il cosiddetto *progresso* è cancellare l'identità. L'evoluzione è recidere violentemente le radici di un popolo, inquinare la sua anima, azzerare le diversità, annientando le peculiarità che lo rendono unico, forte, fiero della sua storia, saldo nei suoi princìpi. Il *progresso* è l'immigrazione scellerata. Uomini e donne costretti ad abbandonare il suolo natio, ingannati dai burattinai del mercato e dai grandi filantropi che, sotto il falso vessillo umanitario dell'accoglienza, prima hanno spremuto sino all'ultima goccia disponibile le loro risorse, e poi li costringono ad essere nuovi schiavi in terra straniera, senza consapevolezza di se stessi e dei propri diritti.

Il progresso è la crisi perpetua, la guerra e lo sconvolgimento degli assetti politici ed economici mondiali. Non solo: è anche svenare il proprio popolo attraverso rincari folli, seguendo a menadito *diktat* contrari agli interessi nazionali, ingozzando le masse di analisi banali, notizie false e propaganda da quattro soldi. Il progresso è trasformare, d'un tratto, diritti un tempo intangibili in concessioni a tempo determinato, sulla base di dati fasulli e amenità scientifiche, giustificando il tutto con la tutela della salute pubblica e l'infallibilità della scienza.

Il progresso è il precariato, la deindustrializzazione, la delocalizzazione, la svolta *green,* i bonus che legano a doppio filo allo Stato, l'abolizione del contante spacciata come lotta all'evasione, la finanza che ingloba la politica, il WEF che detta le linee guida per il futuro, le multinazionali che divorano come pescecani le piccole e medie imprese, impossibilitate a tenergli testa, in un regime di assoluta concorrenza sleale. Il progresso è il cambio di sesso nei giovanissimi, è il plagio continuo subito dalle nuove generazioni, è la digitalizzazione forsennata atta a rendere l'uomo un atomo isolato, distante, fuori dal concetto stesso di comunità.

Oggi, più che mai, il progresso è regresso.

Ricoperto di lustrini e *slogan* accattivanti, profumato alla meglio per coprirne l'olezzo penetrante, venduto come bivio necessario, come unica via da intraprendere per sopravvivere, per essere migliori, solidali, poco inquinanti, competitivi, moderni.

Se tutto questo è il bene, dunque, saremo allora orgogliosi di essere il male.

4. Una lettura profetica

A proposito della questione migratoria e del suo impatto sociale, consigliamo un testo profetico del 1973: *Il campo dei Santi* di Jean Raspail.

Tradotto in Italia solo nel 1998, è un testo caratterizzato da una prosa raffinata e da ritmi serrati. È molto di più di un romanzo fantapolitico: è un vero e proprio grido disperato dell'autore che disegna una dettagliata analisi dei tempi moderni, un lucido e inquietante ritratto dello stato comatoso in cui versa al giorno d'oggi l'Occidente, alla mercé di folli politiche d'immigrazione, divorato da falsi sentimenti di solidarietà edaccoglienza, incapace di difendersi e di preservare intatte le proprie radici, attanagliato nella morsa del globalismo più sfrenato.

Il libro, aspramente criticato all'epoca e tacciato di razzismo da accademici e studiosi dei fenomeni migratori, demolisce con lucidità ed assoluta lungimiranza i miti buonisti dell'accoglienza a tutti i costi, dell'inclusione violenta, dell'integrazione forzata, anticipando temi al giorno d'oggi attualissimi e molto dibattuti.

La folla di paria indiani, guidata dal *coprofago* e partita da Calcutta in condizioni disumane; l'atteggiamento remissivo delle autorità politiche, religiose e dell'opinione pubblica dinnanzi all'avanzare dell'armata dell' *ultima chance* sino all'approdo sulle coste francesi; il lavoro mellifluo di una stampa corrotta e schiava di assurdi *cliché*, rappresentano alla perfezione la crisi di valori che caratterizza la società moderna, l'arrendevolezza di una civiltà che ha scelto il suicidio assistito anziché la lotta per la sua sopravvivenza, incarnata dal vecchio abitante della montagna che non vuole cedere la sua casa all'invasore.

Scorretto e mai banale, *Il campo dei Santi* è un bagno di realtà, una lettura imprescindibile per chi ha a cuore identità, cultura e tradizioni. Per chi vuole addentrarsi in tematiche scomode, forti, scevro da buoni sentimenti preconfezionati e melensa retorica.

NUOVE EMERGENZE

1. Attacco alle nuove generazioni

Come astuti robivecchi, abili commercianti di articoli usati e polverosi, i propagandisti di regime, cenciaioli di lungo corso, tentano, con ogni trucco a loro disposizione, di rifilare ai nostri giovani qualsiasi tipo di amenità, nascondendo, sotto il falso vessillo del *progresso* e dei *diritti*, meri disegni di plagio e riprogrammazione comportamentale, funzionali essenzialmente al conseguimento dei punti cardine di un'agenda *ex ante* concordata.

Così, questi furbi rigattieri, spacciano la svolta *green* come unica salvezza del pianeta terra, non menzionando la rivoluzione produttiva in atto e gli interessi economici in ballo, l'antifascismo come battaglia contro i mulini a vento da combattere ad ogni costo, l'ideologia gender come conquista di civiltà, le sanzioni e l'invio di armi come difesa disperata della *democrazia* e della *pace*, il precariato come flessibilità, l'alfabetizzazione forsennata come *condicio sine qua non* per collocarsi nel mercato del lavoro, la *scienza* come unico credo, la famiglia come un intralcio, l'impoverimento culturale come divertimento, la spazzatura televisiva e *social* come unico intrattenimento valido. L'attenzione nei confronti delle nuove generazioni, dunque, dovrebbe essere portata ai massimi livelli.

Sono loro l'obiettivo primario, la creta da modellare, l'archetipo di uomo del futuro da costruire. Nello squallido mercimonio che caratterizza il nostro tempo, dunque, dobbiamo ricordare ai nostri giovani che ci sono valori che non debbono essere oggetto, in alcun modo, di trattativa e che esistono delle colonne d'Ercole che non devono mai essere oltrepassate, pena l'oblio. Mollare, sotto questo punto di vista, sarebbe miope e oltremodo dannoso per il presente e il futuro dei nostri ragazzi, oramai al centro di pietosi, goffi e continui tentativi di stupro intellettuale.

«Il tempio è sacro perché non è in vendita», ci insegnava a suo tempo Ezra Pound. Oggi è proprio il caso di ribadirlo a gran voce.

2. Transizione ecologica

In epoca pandemica, per tre anni è stata imposta una narrazione a senso unico; non era lecito avere dubbi. Il nuovo dogma era *la scienza non è democratica.*

Ora, nell'epoca della transizione ecologica, la quale non sarebbe stata possibile senza l'evento pandemico, il dogma è *la causa dei cambiamenti climatici è di origine antropica.*

La narrazione ufficiale si appropria anche del dubbio: non può continuare a negare che la scienza progredisce per nuove scoperte che mettono in dubbio le precedenti – funzionava solo con le persone chiuse in casa – ma decide quali dubbi è lecito avere ed entro quali limiti. Tenta di mettere in guardia anche dai dubbi pericolosi perché instillati da chi guadagna dall'impedire la transizione ecologica. Non potendo impedire a tutti e per sempre di pensare, si preparano griglie e coordinate per farlo *correttamente.*

L' avversario è sempre tre passi avanti. Conosce chi vorrebbe opporsi molto meglio di quanto i resistenti conoscano loro stessi. Sa perfettamente che la pulsione che muove le proteste è *non voglio perdere nulla delle cose materiali che ho conquistato e voglio essere lasciato in pace.*

Manipolando quella pulsione costruisce le sue narrazioni.

Non serve a nulla continuare a inveire contro il nemico brutto e cattivo se non sappiamo fare analisi oneste su di noi, sulla nostra collocazione e sui nostri reali interessi.

L' avversario sa benissimo chi siamo e dove siamo.

A differenza dell'altra parte conosce ogni piega dell'animo umano.

La sola possibilità che abbiamo è fare i conti con i nostri demoni.

Ogni debolezza che non ammettiamo sarà usata dall'avversario.

3. Svolta *green*?

Che impatto ambientale ha una guerra? Quali conseguenze disastrose ha sul nostro pianeta l'impiego di ordigni, munizioni, mezzi cingolati, droni, artiglieria pesante? Quanto inquinano le fabbriche che producono materiale bellico? Come vengono smaltiti detriti, armi e tecnologia di supporto per le operazioni militari? Nessuno se lo chiede?

Non è paradossale che, nel medesimo momento in cui l'Occidente si tinge di *green*, gli stessi che impongono cambiamenti radicali nelle nostre abitudini per salvare il mondo dalla catastrofe continuino a foraggiare un evento di tale portata distruttiva per il nostro ecosistema?

E così, mentre la plebe colpevolizzata e derubata è costretta a uniformarsi a normative sempre più stringenti per poter circolare nei centri urbani, adeguandosi ai nuovi standard di ecosostenibilità finanche sugli immobili di proprietà, e gli attivisti UG bloccano il traffico sulle strade ad alto scorrimento impedendo a normali cittadini di andare a lavorare in nome del cambiamento climatico, il gioco dell'oca va avanti, senza che a nessuno venga il sospetto che dietro il nobile intento si celino meri interessi economici e nuovi paradigmi di vita imposti con la forza. Pensateci quando vi sentirete dei criminali solo per aver gettato l'umido il giorno predisposto alla raccolta della plastica. L'ipocrisia *democratica* ha superato, oramai, le colonne d'Ercole della decenza.

4. Ecologismo e antiumanesimo

Che la cosiddetta svolta *green* non sia affatto un fenomeno di rottura che segni un reale cambiamento nella direzione storica, minando oligarchie, potentati e interessi consolidati, ma vada piuttosto letta in continuità con la progressiva ristrutturazione delle forme di governo occidentali in vista di un sempre maggior controllo centralizzato, appare evidente soprattutto dal fatto che tale rivoluzione è incoraggiata, sostenuta e promossa proprio da quei soggetti politici ed economici che apparentemente ne ricaverebbero il maggior svantaggio.

Governi chiamati a fare scelte impopolari che ne mettono a repentaglio il consenso e multinazionali costrette ad adeguare modelli di produzione e distribuzione a improbabili e costosissimi criteri di sostenibilità sembrerebbero essere i primi a doversi sacrificare sull'altare della protezione dell'ambiente, eppure osserviamo come tali entità costituiscono un blocco compatto che opera nella medesima – e apparentemente suicida – direzione. Allo stesso tempo è significativo notare come le piazze che inneggiano alla svolta ambientale, anche nelle loro manifestazioni più eclatanti, siano tutt'altro che osteggiate, a differenza di qualsiasi manifestazione pubblica che invece rivendichi un qualsiasi reale cambiamento o istanze di giustizia che vadano controcorrente. Difficile non intravedere l'eterodirezione di un fenomeno tanto vasto che abbraccia in modo coordinato aspetti culturali, politici, economici ed attivistici. Qualsiasi rivoluzione che il potere incoraggia non è mai tale, ma conservazione.

Vale la pena ricordare che l'origine antropica dell'emergenza climatica è un'ipotesi che viene normalmente presentata come unanimemente condivisa dalla comunità scientifica, quando in realtà è lungi dal raccogliere un consenso indiscriminato. Abbiamo già fatto esperienza in tempi recenti di come la voce unanime della *comunità scientifica* – questa misteriosa entità che non ha un portavoce ufficiale, ma sembra esprimersi come un coro portato dal vento, che all'occorrenza viene captato dal medium di turno – sia evocata dal potere come strumento per liquidare il dibattito politico e sottrarsi a eventuali responsabilità per le scelte che, sostiene, è chiamato a fare perché la scienza medesima le impone. Si tratta ovviamente di uno pseudo-argomento, dal momento che è la politica che decide quale autorità attribuire a *scienza* e *comunità scientifica,* così come politica è la scelta dei metodi opportuni per far fronte alle eventuali criticità che la *scienza* porta all'attenzione, ma che essa non può risolvere direttamente senza un mandato politico.

Questa recente invenzione, ossia il blocco solidale composto da *scienza* e *potere* in funzione *anti-crisi,* il quale apparentemente sembra mettere il pilota automatico alla politica, mentre in realtà serve esclusivamente a legittimare nuove forme di governo autoritarie post-democratiche, sembra avere una certa presa nell'opinione pubblica, tanto che lo si sente sempre più spesso difendere anche da voci meno allineate. La tecnocrazia è il futuro dell'occidente globalizzato, ed è destinato a imporsi, ironicamente, con il consenso che la *scienza* stessa avrà prescritto.

Se l'aspetto scientifico dell'emergenza *green* non vincola ad alcuna scelta politica determinata, ma sembra suggerire, analogamente al precedente scenario di crisi globale, semplicemente un pretesto per legittimare le future politiche *green,* a chi giovano realmente tali politiche, dal momento che apparentemente sembrano danneggiare tanto i governi che l'economia?

Molti sono gli aspetti che meriterebbero un'analisi puntuale. Ci limitiamo ad accennare a tre questioni che riteniamo salienti.

Di certo la svolta *green,* che si accompagna a processi di digitalizzazione e controllo sociale sempre più stringenti, è principalmente nell'interesse di chi occupa i centri di potere a cui tale sviluppo sarà affidato. L'emergenza globale richiede una gestione globale: alla tecnocrazia si abbina meravigliosamente il governo unico – del resto, se la comunità scientifica è una, non si comprende perché i governi che la riconoscono come l'autorità a cui ricorrere in tempo di crisi dovrebbero essere molteplici. La svolta *green*, dunque, accelererà notevolmente processi già in corso di cessione di sovranità nazionale verso strutture sovranazionali, che tenderanno progressivamente a coordinarsi in vista dell'istituzione della tecnocrazia globale.

Dal punto di vista economico, invece, oltre ad aprire nuovi mercati legati alle innovazioni delle tecnologie *sostenibili*, la cosiddetta conversione *green* costituirà una sorta di setaccio economico che favorirà il grande capitale a scapito della piccola/media impresa. I costi della conversione, infatti, non potranno essere sostenuti da tutti. Molte aziende e realtà locali ne riceveranno un colpo letale: chiuderanno, saranno assorbite da realtà più abbienti, oppure finiranno preda della finanza speculativa. La grande impresa e le multinazionali, disponendo di capitale e sostegno finanziario, avranno il potenziale per assecondare una trasformazione che si nutrirà anche dell'indotto derivato dall'occupazione di nuove fasce di mercato, svuotatesi a seguito dell'impossibilità di molti piccoli soggetti economici di adeguarsi alla conversione.

Vi è poi un aspetto sottile, spesso trascurato, che tuttavia consideriamo centrale. L'ecologismo, oggi promosso a ideologia *mainstream* e paradossalmente sponsorizzato pure da ciò che rimane della principale autorità morale dell'occidente, è una ideologia la cui attuale declinazione predominante ha una matrice fondamentalmente antiumana. Non stiamo parlando di quella forma di pensiero sana e ragionevole che medita sulle possibilità di un rapporto equilibrato dell'uomo con l'ambiente e il resto dei viventi. Essa, a rigore, non può neppure essere definita ecologismo, perché non stabilisce una priorità dell'ambiente sull'uomo, ma rivendica una forma di equilibrio complessivo dove l'uomo, l'ambiente e il resto dei viventi coesistono in armonia secondo le specifiche prerogative. Diversa cosa è il pensiero ecologista radicale che vede nell'uomo un parassita infestante, la cui presenza è un danno all'ordine universale, a cui è doveroso porre rimedio con soluzioni diverse che, a seconda dei gusti, possono giungere a prevedere anche forme di sterilizzazione, depopolamento, concentramento della popolazione in riserve umane, pianificazione di nascita e morte. Tale pensiero, che serpeggia più o meno velatamente in molteplici luoghi della cultura odierna, altro non è che una particolare declinazione del nichilismo misantropo che fa da sfondo all'ideologia transumana.

Le frange estreme dell'ecologismo radicale condividono con il transumanesimo l'idea che l'ingegneria sociale passi attraverso la bioingegneria. Per entrambi gli orizzonti, l'uomo è un problema che va risolto. Vale la pena notare come transumanesimo e ecologismo radicale siano forme di pensiero rigorosamente antitradizionali e costituiscano due dei principali strumenti ideologici al servizio dell'inumano incombente. Dietro la svolta *green*, dunque, possiamo intuire, oltre agli interessi più evidenti, anche alcuni moventi decisamente più sinistri.

L'ARTE NELL'EPOCA DELLA MORTE DI DIO

1. Il Bene, la Verità e la Bellezza

Nelle epoche tradizionali, il concetto di Verità viene identificato primariamente con il disvelamento e la manifestazione del Bene – ossia della Realtà Sempiterna, e perciò Prima e Ultima – sul piano della contingenza e della finitezza. Testimone di questo evento è l'uomo, e tutto ciò che riguarda il processo storico del darsi del Bene nel vero appartiene direttamente o indirettamente alla sfera del Sacro. In questo orizzonte l'Arte è chiamata a manifestare la Verità nella forma del bello: da qui il suo valore sacro, etico e pedagogico, nonché il suo potenziale realizzativo in senso spirituale.

Che ne è dell'arte in un'epoca che non riconosce più il Bene come il fine supremo?

Universalmente, l'uomo ha da sempre identificato il Bene con un'origine che trascende e norma tutto l'esistente – in forma di principio e di fine, e quindi di senso – e definito buono quanto a tale realtà assoluta tende e si conforma. Il Bene è pertanto concepito come ciò da cui tutto proviene, ciò che tutto sostiene, ciò a cui tutto deve attenersi e pertanto, al termine della propria esistenza, ritornare.

Il disvelamento e la manifestazione del Bene è definito Verità. Tale espressione, prima che riferirsi alla dimensione logica e discorsiva di comune utilizzo, allude intimamente al processo tramite cui il Bene si mostra all'uomo nel suo volto luminoso, disoccultandosi da un'originaria e oscura latenza, in sembianze conformi alla propria natura e adatte ai codici simbolici e alle capacità intuitive del soggetto destinato alla loro ricezione.

L'evento del disvelamento della Verità, ossia l'accadere dell'incontro del Bene incondizionato e assoluto con un soggetto condizionato e finito, è dunque sempre storico, ossia riguarda una particolare esperienza, sia essa di un singolo o di una civiltà, collocata in un tempo e uno spazio definiti.

Ogni manifestazione della Verità è pertanto irripetibile e unica come tutto ciò che appartiene al dominio della storia: se ciò che è vero è permanente in quanto null'altro che il Bene, allo stesso tempo la sua manifestazione è sempre condizionata, finita e contingente.

Qui sta la natura paradossale della Verità: essa è irruzione dell'assoluto nella finitezza, manifestazione di ciò che è permanente nel transeunte, attribuzione a ciò che per sua natura è mortale di un presagio e un sentore di eternità. Ogni manifestazione della Verità è dunque un'approssimazione al suo oggetto, il quale non potrà mai completamente risolversi in essa senza residuo, pena l'abolizione di tutto ciò che non sia il Bene stesso.

Verità e Sacro sono due aspetti della medesima realtà: la loro dialettica articola il complesso delle relazioni paradossali che regolano i rapporti tra terra e cielo, le quali hanno come strumento e testimone, unico tra i viventi, l'uomo. Solo l'uomo, infatti, può essere bugiardo e sacrilego; allo stesso modo solo l'uomo può riconoscere l'onore della sincerità e il valore della pietà, ossia i due aspetti – nei confronti dell'umano e del divino – della fedeltà nel suo senso autentico. Per l'uomo della tradizione tutto ciò che appartiene al dominio del Sacro manifesta la Verità, così come tutto ciò che è vero è espressione del Sacro. Basti pensare, ad esempio, al valore sacro del giuramento, ossia della parola umana vincolata alla Verità, o del valore di verità della profezia o dell'auspicio, ossia della parola sacra che, in quanto tale, è vera.

Il significato ordinario e comune del termine verità, ossia di discorso adeguato e conforme al fatto o allo stato di cose che si intendono descrivere o indicare, è di conseguenza, come già ricordato, secondario e derivato. Se, infatti, secondo ciò che è significato primariamente dal termine, appartiene al Bene l'iniziativa di mostrarsi nella Verità, ciò che l'uomo testimonia di questo evento è allo stesso modo definito vero quando è fedele a quel che si mostra. Il cavallo dipinto è chiamato cavallo così come lo è l'animale reale che il dipinto ritrae, eppure è evidente che non sono la stessa cosa e che il cavallo dipinto non è altro che un'imitazione, ottenuta mediante segno e colore, del vero cavallo. Il dire il vero partecipa della Verità perché in esso echeggia, potremmo dire audacemente, il *dire il vero di se stesso* del Bene nel mostrarsi. Eppure, partecipando della Verità seppur a una diversa ottava di realtà, al lato umano dell'accadere della Verità fu sempre riconosciuto come già accennato, un sommo valore sacrale, nonché morale ed etico. Se per etica e morale si intendono l'insieme delle prescrizioni e dei principi del retto agire – associato il primo, individuale il secondo – fare il bene e dire il vero furono considerati da sempre i pilastri etici e morali di qualsiasi civiltà. Porre Bene e Verità a fondamento dell'azione, per coloro che ci precedettero, significava null'altro che conformare la società e l'uomo a quella realtà trascendente che si riteneva fosse l'origine, il sostegno e il destino di tutto ciò che esiste.

Tra i modi dell'attività umana, all'arte è stato riconosciuto da sempre uno *status* privilegiato. In essa l'uomo ha intuito un riflesso di quella libertà originaria e incondizionata che è prerogativa del principio. L'arte, come attività libera, manifestante quindi il Bene, è considerata tradizionalmente portatrice e testimone di Verità.

In particolare, l'aspetto del vero che si considera essere espresso dall'arte in maniera caratterizzante è identificato nel bello. Un'antica saggezza ritiene la Bellezza essere lo splendore della Verità; in altre parole, l'esperienza estetica viene considerata come una forma oggettiva di conoscenza del Bene. Questo è il motivo per cui è possibile sostenere che nelle società tradizionali non sia mai esistita, propriamente, un'arte profana. È evidente inoltre, ricordando quanto detto sopra, che se l'attività artistica per sua natura si conforma al buono e al vero, allora essa non può che possedere un profondo e radicato significato etico e morale.

Aggiungiamo infine che, essendo non solo espressione, ma prima di tutto esperienza di Verità, il ruolo dell'arte è da sempre considerato pedagogico, non solo perché veicola un insegnamento mediante i contenuti che esprime o suggerisce dal punto di vista formale, ma prima di tutto perché il suo esercizio conduce a una reale partecipazione, sul piano umano, al darsi del Bene nella Bellezza della Verità. Una completa pedagogia spirituale, insomma, la quale costituisce un'autentica esperienza di ascesi, le cui profondità ed efficacia sono determinate dalla capacità partecipativa di colui che vi si dedica. Non a caso abbiamo inequivocabili evidenze che, nel passato, l'artigianato fu utilizzato come supporto di varie forme di

iniziazione, ossia alla prassi artistica venne tradizionalmente riconosciuto un potenziale realizzativo che poteva
fruttificare pienamente grazie a specifici metodi e in-
fluenze spirituali, trasmissibili solo a coloro che pratica-
vano l'arte.

2. Il soggetto moderno quale falso assoluto.

Nella Modernità, non esistendo più un'idea del Bene come realtà oggettiva, Verità e Bellezza sono degradate a mere esperienze individuali che culminano nel relativismo etico, estetico e gnoseologico. L'arte, da partecipazione alla realtà oggettiva del darsi del Bene nel vero e nel bello, ossia da possibilità di autentica esperienza trascendente e sovraindividuale, diviene specchio dell'ipertrofia del soggetto, nel riverberarsi delle catene e dei limiti dell'individualità irrelata.

La nostra epoca, a differenza delle precedenti, non dispone più di un'idea del Bene come realtà oggettiva. Il dato di fatto è che l'attuale orizzonte condiviso non concepisce più – se non in forma residuale, sentimentale o corrotta – il concetto di un Bene originario che trascende, sostiene e ordina l'esistente.

Conseguentemente, la realtà disancorata da un fondamento stabile non può più essere sede di un'esperienza oggettiva di Verità: nella Modernità, quest'ultima diviene sfuggente, frammentaria ed allusiva, fino a culminare, nella Postmodernità, in un simulacro sinistro e grottesco della sua forma originaria.

Il relativismo etico e morale è la conseguenza inevitabile della situazione in cui gli assoluti e le certezze del passato vengono meno. La perdita della dimensione oggettiva della Verità ha pesanti ripercussioni sull'esperienza del bello; in un mondo in cui la Verità è dispersa in un'infinità di frammenti incompossibili, ciò che rimane della Bellezza diviene enigmatico. A testimonianza di ciò sta la molteplicità di teorie estetiche – paradossali, contraddittorie e occasionali – che la Modernità ha ansiosamente elaborato nel tentativo di rendere conto di un'idea del bello che, quando non latita totalmente, risulta comunque indecifrabile. Il Postmoderno, portando a compimento tale processo, farà della Verità non il fondamento stabile della conoscenza, ma la superficie cangiante di una realtà che si regge sul nulla. La Bellezza, di conseguenza, diverrà un'esperienza polimorfa e liquida, totalmente in balia del capriccio e dell'arbitrio di un soggetto che impone se stesso come fondamento e norma dell'attimo. È doveroso a questo punto chiedersi quale ruolo abbia l'arte in un'epoca in cui la manifestazione del Bene non è più percepita o considerata possibile.

L'utile e il gusto, in assenza di un fondamento stabile, divengono nella Modernità i principali criteri estetici e veritativi; a ben guardare, ciò è inevitabile a partire dalla svolta soggettiva e individualista che ha caratterizzato l'avvento del Moderno. Se infatti si rinuncia all'Assoluto come fonte di certezza e stabilità, nell'impossibilità di vivere in assenza di riferimenti, non resta che sostituirne ruolo e funzioni con un surrogato, generando quello che potremmo definire un *assoluto relativo* o un *falso assoluto*.

Tolto l'Assoluto trascendente e oggettivo, rimane il relativo immanente e soggettivo; a questo punto esso diventa il sostegno a cui ancorare qualsiasi criterio di giudizio. Il soggetto, non riconoscendo più un Assoluto di fronte a cui relativizzare la propria soggettività, assolutizza se stesso, ultimo centro irriducibile dell'esperienza moderna. Buono diviene pertanto tutto ciò che porta beneficio al soggetto, ossia ciò che gli è utile; bello è tutto ciò che piace al soggetto e lo gratifica, ossia ciò che è di suo gusto.

L'etica del soggetto assolutizzato è l'individualismo, che nella sua forma temperata, ossia che tiene conto dell'esistenza di altri soggetti portatori di medesime istanze, è il relativismo.

Il relativismo altro non è che un individualismo del compromesso, il quale mal cela null'altro che una volontà di assoluto impotente ad affermarsi o, tutt'al più, abdicante alla propria vocazione totalizzante. Il relativismo ha il pregio di armonizzare la natura polimorfa del gusto e dell' utile soggettivi in un ambiente neutrale, dove il rischio di conflitto tra soggetti che si considerano assoluti è appianato in partenza stabilendo legittima qualsiasi istanza, purché si dichiari relativa e privata e rinunci ad affermarsi a scapito di analoghe pretese. In pratica, in un orizzonte relativista ognuno può dichiarare ciò che è vero e ciò che è bello purché rimanga nel suo e non sconfini nell'altrui; l'affermazione di tali attributi non può avere pretesa di assolutezza al di fuori dello spazio individuale, ossia deve essere rivedibile o revocabile al variare del punto di vista soggettivo che la sostiene.

Se la frammentazione dell'esperienza estetica è riflesso della frammentazione dell'esperienza di Verità, essa risulta insanabile in quanto ha una profonda e sostanziale ragione d'essere nella visione del mondo del tipo umano che la afferma. In questa prospettiva, in cui si dichiara il buono, il vero e il bello soggettivi, il Bene, la Verità e la Bellezza dileguano. Non riconoscere tale inevitabile conseguenza genera il grande fraintendimento che l'arte moderna possa ancora svolgere una funzione analoga a quella dell'arte tradizionale; a ben vedere, infatti, si tratta di due realtà totalmente eterogenee e difformi.

In quanto espressione dell'assoluto relativo, l'arte moderna non avrà più come prerogativa la manifestazione dello splendore del Vero, ma più modestamente quella del gusto personale dell'artista. La prassi artistica coinciderà non più con un'esperienza oggettiva di Verità, ossia con una reale partecipazione al darsi del Bene, bensì con un puro profondarsi del soggetto nel soggettivo, ossia una forma ricorsiva di solipsismo. In questo processo, l'altro è tutt'al più chiamato ad assistere come spettatore, ma ad esso non potrà mai realmente partecipare, in quanto qualsiasi genuina attività artistica moderna non può che culminare in un'esperienza irrelata che riguarda esclusivamente colui che la vive. Allo stesso modo l'incontro e il godimento dell'oggetto d'arte si riduce a un'esperienza individuale come l'atto creativo stesso: essa è affidata interamente alla responsabilità del fruitore, il quale può decidere se aderire o meno alla volontà e all'intenzione dell'artista – qualora questi le manifesti e ammesso che sia realmente possibile intenderle – oppure ignorarle e distaccarsene per assecondare il proprio capriccio o la propria sensibilità.

Nella Modernità non vi è mai reale comunicazione tra l'artista e colui che fruisce dell'oggetto d'arte, perché di fatto manca la presenza di un fattore sovraindividuale che funga da *medium* e garante dell'incontro tra i due poli comunicanti.

Di qui nasce il dramma patetico dell'artista moderno, così spesso tratteggiato dalla letteratura e dal cinema: una macchietta indifferentemente comica o tragica, oscillante tra la figura del genio romantico incompreso e lo snob eccentrico che la plebe ignorante non può giudicare.

Sia dal lato dell'artista che da quello del fruitore, l'esperienza di libertà che abbiamo visto essere, nell'arte tradizionale, riflesso e partecipazione alla libertà del Principio, diviene nell'arte moderna esercizio della pseudo-libertà del soggetto. Essendo un falso assoluto, infatti, il soggetto moderno non è mai realmente incondizionato, per cui il suo esperire la libertà è sempre constatazione di un vuoto e di una mancanza. In altre parole, mentre l'arte tradizionale era possibilità di trascendimento dei limiti individuali, l'arte moderna è esperienza del giogo del soggettivo: da una parte l'affrancamento – o perlomeno la possibilità di affrancamento – dalla condizionalità nella partecipazione alla libertà dell'Assoluto; dall'altra l'esperienza angosciosa della costrizione e della prigionia nelle anguste segrete della finitezza individuale.

3. Il Postmoderno e la narrazione della realtà infondata

Nel Postmoderno il dubbio e l'ironia radicali dissolvono gli assoluti della Modernità, ossia la razionalità e il soggetto, sganciando così la realtà da qualsiasi fondamento generando il fenomeno della post-verità, *ossia il risolversi del reale nell'istante narrativo. L'arte postmoderna è l'espressione della liquidità della realtà e del soggetto infondati, i quali, svincolati da qualsiasi residuo di solidità ontologica, divengono il fluttuare di residui di senso sopra l'abisso del Nulla.*

Se nel Premoderno l'arte è manifestazione del sovraindividuale, se nel Moderno essa è espressione della soggettività, ossia dell'elemento puramente individuale, nel Postmoderno essa diviene il trionfo di dimensioni infere e inumane, ossia di possibilità infraindividuali. Questo avviene in quanto l'essenza del Postmoderno è quella di liquefare qualsiasi centro solido di senso attraverso l'acido dell'ironia e del dubbio radicali. Non parliamo qui dell'ironia e del dubbio quali le comuni attitudini a cui tutti, più o meno ordinariamente, ricorriamo nell'ordine del discorso o del pensiero.

Stiamo invece nominando due strutture portanti del *post-discorso* e del *post-pensiero*, ossia delle realtà che occupano il luogo classico del discorso e del pensiero quando questi vengono vanificati e aboliti da nuove e inusitate istanze semantiche e veritative, tipiche del decomporsi della Modernità. Ironia e dubbio radicali nel Postmoderno non sono occasionali strumenti al servizio del pensiero e del discorso: sono il metodo e la forma assunti da ciò che rimane della razionalità, una volta che questa, divenuta ipertrofica e aver divorato l'Assoluto e il Senso, si rivolge infine a se stessa e al proprio portatore, ossia la soggettività, in una sorta di autofagia suicida. La razionalità che divora se stessa deposita come residuo o deiezione l'ironia e il dubbio radicali, i quali diventano la cifra dell'ermeneutica postmoderna. Entrambi, rappresentando la manifestazione e l'affermazione che nulla ha valore e fondamento, sono forme di nichilismo attivo che dissolvono alla radice qualsiasi possibilità di garantire la realtà attraverso un orizzonte veritativo stabile, sia anche solo quello residuale della soggettività moderna.

Nel Postmoderno, dunque, la Verità è sostituita dalla *post-verità*, ossia un suo simulacro che ne inverte le caratteristiche fondamentali. Tanto la Verità è unica, stabile, perenne e feconda, tanto la *post-verità* è molteplice, cangiante, transeunte e sterile.

La *post-verità* si presenta sotto forma di aggregati momentanei di residui di senso e significato, giustapposti senza alcuna logica decifrabile, che si coagulano nell'istante dell'attenzione dello spettatore, per poi disperdersi e assemblarsi in forme sempre nuove, ogni qualvolta un interesse particolare le evochi. Tali artefatti sono possibili proprio perché ciò da cui sono composti non ha alcun aggancio o ancoraggio a qualcosa che abbia una pur minima stabilità ontologica: vivono nel momento della fruizione dello spettatore e si sostanziano dell'occhio e dell'orecchio di chi li percepisce, salvo esaurire la loro esistenza nell'attimo in cui sono fruiti, per poi ritornare nel nulla da cui provengono. Tali pseudo-realtà prive di essere non possono che risolversi nella pura apparenza; la *post-verità* è tale nel momento in cui viene enunciata, salvo essere superata da una formulazione aggiornata, quando questa risulta essere più adatta e funzionale alle esigenze dell'attimo. Se la *post-realtà* è apparenza, la *post-verità* è narrazione.

L'arte postmoderna è perfetta emanazione della *post-verità*.

Il genio, nella Postmodernità, è colui che meglio manifesta l'assurdo e l'enigma di una realtà senza fondamento. I capolavori postmoderni sono opere in cui la realtà è rappresentata disperdersi in mille rivoli di non senso, oppure reggersi precariamente su un Nulla che la deride o la umilia.

Kafka è, a parer nostro, un grande profeta della Postmodernità. La sua opera letteraria anticipa in maniera lungimirante l'essenza di questa inquietante pagina dello spirito. Ciò avviene in una molteplicità di intuizioni letterarie folgoranti, qui non analizzabili nel dettaglio, di cui tuttavia vorremmo segnalare due temi tipici.

Il primo è la repentina mutazione di una situazione apparentemente ordinaria, che si riconfigura secondo moventi e dinamiche che precedentemente non sussistevano, i quali appaiono completamente decontestualizzati e privi di nesso rispetto alla sequenza narrativa che li precede. Il secondo tema è l'allusione o il suggerimento relativi all'esistenza di un mistero non svelato che, non potendo essere sciolto, lascia l'evento raccontato indecifrabile, precludendone per sempre il significato al lettore.

La nostra proposta interpretativa è che tali schemi narrativi siano resi possibili dal presentimento dell'assenza di un fondo stabile del reale. Nel primo caso, la realtà, libera da qualsivoglia vincolo ontologico, può configurarsi, senza soluzione di continuità, in maniera capricciosa e cangiante, secondo le esigenze momentanee dell'osservatore/narratore, le quali si coagulano provvisoriamente in un ordine di senso apparente, destinato ad esaurirsi nel momento in cui sazia l'interesse di chi lo ha evocato, per essere sostituito dal prodotto di un nuovo appetito semantico. Nel secondo caso, invece, il mistero a cui Kafka allude non c'è: è appunto il nulla e la gratuità del senso di una realtà consumata interamente nell'apparenza. Il mistero di Kafka, su cui tanti interpreti si sono affaticati, non sarebbe altro che un mistero vuoto, un enigma privo di contenuto e di significato.

Un prodotto emblematico del Postmoderno è il film *Inland Empire* (2006) di David Lynch. Si tratta di un'opera tanto monumentale quanto indecifrabile, in cui i diversi piani narrativi si sovrappongono come molteplici gusci di realtà parallele che risuonano analogicamente, legate da segnavia e indizi che tuttavia conducono lo spettatore/indagatore esclusivamente verso vicoli ciechi o voragini di non senso. La stessa cornice meta-cinematografica suggerisce una compenetrazione indiscernibile tra realtà e narrazione; piani che nel Postmoderno, come abbiamo visto, non possono essere distinti o separati. I personaggi del film, a loro volta, risultano spesso presentire l'irrealtà e l'instabilità della propria esistenza, la quale si moltiplica, riproduce e contraddice, senza soluzione di continuità o delimitazioni individuali. In tutta la pellicola aleggia la sensazione che da un momento all'altro la finzione cadrà, i singoli frammenti saranno ricomposti in un mosaico coerente e ci si risveglierà dal sogno, per tornare a un ordine razionale e comprensibile.

Questo tuttavia non succede: dietro la narrazione non c'è nulla, il mistero è fine a se stesso. Esso serve a suggerire una profondità che non è possibile cogliere perché tutto si esaurisce sulla superficie. Quando il nodo sembra sciogliersi nel crescendo di un finale pieno di *pathos*, si comprende come tutta la vicenda altro non sia stata che gioco e finzione. Per quanto inquietante e saturnina, in fondo *Inland Empire* altro non è che una misteriosa e paradossale commedia onirica, così come a commedia è ridotta la realtà infondata. Emblema dei tempi ultimi è una *sitcom* interpretata da animali ibridi ed antropomorfi, che ciarlano a proposito di un segreto inconfessato tra le risate scomposte di un pubblico fantasma.

Non va sottovalutata la portata ontologica del messaggio lynchiano. La sua opera non è né *caprice*, né *divertissement*, ma una ben precisa intuizione della vacuità liquida della realtà ridotta a fenomeno. Tale intuizione, sinistra e tragica dal punto di vista moderno, diviene invece materia ironica per lo sguardo cinico e consumato della Postmodernità. Un'ironia senza sorriso, insomma, avvolta dal senso di perdita come da un sudario.

4. Note su artigianato, economia e industria.

L'artigianato, ossia l'attività artistica genuina innestata in un sistema economico, è incompatibile con il mondo industriale e il modello di mercato che lo sostiene. Questo perché, nelle società tradizionali, l'autonomia della prassi artistica si armonizzava organicamente con un'economia di sussistenza e una circolazione locale dei beni, laddove il complesso economico-industriale moderno, che si regge sui consumi di massa, si basa sull'ottimizzazione di produzione, profitti e distribuzione. Questo rende di fatto qualsiasi attività produttiva – umana e non meccanica – o eteronoma o superflua, sancendo così l'impossibilità nel presente di preservare l'autentica prassi artistica viva e significante.

Tradizionalmente la parola *arte* indicava qualsiasi genere di attività, esecutiva o produttiva, che venisse svolta liberamente e tendesse, nella sua esecuzione, alla perfezione. Pensiamo, ad esempio, all'espressione *fatto a regola d'arte*, tuttora d'uso comune. Essa risulta comprensibile solo se si associa all'arte l'idea di un canone o di una normatività ideale, a cui l'artista deve attenersi nel suo operare, e a cui deve cercare di approssimarsi nel migliore

dei modi possibili. L'azione dell'artista, o ciò che pro-
durrà, sarà considerato tanto più riuscito quanto più
sarà fedele a tale intenzione. È evidente che in questo
processo la norma e la misura riposano interamente al di
fuori del soggetto esecutore/produttore, il quale è chiamato ad adeguarvisi. Il ruolo dell'artista è quello di portare all'essere, con la propria perizia tecnica e in maniera
conforme, un modello esemplare, sia esso un'azione o un
oggetto, rigenerandolo fedelmente e costantemente con la
freschezza della propria creatività e iniziativa.

Nella prassi artistica e produttiva della nostra epoca, invece, le idee di normatività e di libertà sussistono scisse.
La normatività è associata alla produzione meccanica e
standardizzata destinata al consumo. Diversamente, la
libertà è identificata con l'idea di un'attività priva di re-
gole e disciplina, sottratta a qualsiasi forma di controllo
se non a quello della volontà che la determina.

Da una parte la gelida e inanimata ripetitività del meccanismo e dell'automazione; dall'altra la scomposta e sco-
stante anarchia dell'arbitrio individuale.

L'industria fornisce, mediante la produzione in serie, gli
oggetti di cui ci circondiamo e che soddisfano i nostri presunti bisogni, reali o artificiali che siano.

Si tratta di congegni e strutture assemblati meccanicamente – laddove nel processo produttivo intervenga l'uomo, esso opera comunque imitando la macchina o a sostegno di un processo meccanico – e destinati quasi esclusivamente al circuito del consumo. Il *design*, ossia quella parte del processo produttivo che si occupa del rendere piacevoli gli oggetti prodotti, tenta di adeguare il loro aspetto al gusto di quel macro-soggetto economico che è la porzione di mercato a cui sono intesi e riservati. Se la finalità è il consumo, i moventi estetici della produzione nascono non da un bisogno disinteressato di ricerca ed esposizione del Bello, ma da mere esigenze di mercato e di distribuzione.

Il circuito economico/produttivo, infatti, necessita che gli oggetti vengano venduti per poterli replicare infinitamente; è necessario pertanto che siano appetibili e di conseguenza smerciabili. Non vi è libertà nel processo di produzione: esso non solo opera secondo logiche di stretta razionalità e ottimizzazione, ma soprattutto di interesse e di lucro, per cui è sempre sottoposto a stretto condizionamento. È questo il motivo per cui il mondo delle cose che ci circonda ha sembianze sospette e ambigue, se non apertamente minacciose e ostili: esso risponde ad esigenze e finalità che non sono quelle degli uomini. Il suo apparire sintetico e logoro è dovuto al fatto che il sistema di produzione, nella necessità di ancorare i propri prodotti al gusto della collettività, il quale per definizione è volatile non poggiando su alcun solido fondamento, tenta di realizzare forme aggiornate al momento della produzione, le quali, proprio perché oggi piacciono, domani saranno già considerate obsolete e da sostituire. Quelle che vengono chiamate *mode* altro non sono che queste periodiche fluttuazioni del gusto collettivo, che per brevi periodi si cristallizzano, spontaneamente o strumentalmente, per poi tornare a dissolversi ed essere sostituite da nuove tendenze altrettanto effimere. In tutto questo, il modo in cui le forme artificiali di cui ci circondiamo ammiccano, appare sempre falso ed infido, in quanto tradisce il tentativo di soddisfazione della ricerca del bello, istanza tipicamente umana, con una sua contraffazione a opera dell'inumano.

Ciò che chiamiamo lavoro, al di fuori di qualsiasi retorica, non è altro che il genere di attività mediante cui l'uomo partecipa al complesso economico/produttivo industriale. Come quest'ultimo, il lavoro risponde ad esigenze di razionalizzazione e ottimizzazione, e il suo fine è altrettanto interessato, ossia il lucro e il profitto.

Il lavoro, così com'è concepito nella presente epoca, non è mai da considerarsi libero, in quanto non contiene in sé il proprio fine, ma è sempre vincolato a una forma di utile o di compenso materiale. Per comprendere come il lavoro sia ormai identificato – in Occidente perlomeno – con l'attività capitale dell'essere umano, è sufficiente pensare a come i termini *disoccupazione* e *disoccupato*, che indicano uno stato di non asservimento continuativo, abbiano abbandonato qualsiasi neutralità, per definire una condizione considerata negativa, sospetta, ai limiti della stigmatizzazione sociale. Di fatto, è disoccupato anche chi non dipende dal lavoro per il proprio sostentamento, eppure il termine non implica, nel sentire comune, nessuna condizione di privilegio. L'occupazione qualifica l'uomo come appartenente alla società in pienezza di diritto e dignità: chi partecipa al circuito produttivo economico è un uomo in senso proprio; chi è disoccupato è un uomo in potenza e con riserva; chi rifiuta lo stato di occupazione è un emarginato o un parassita, comunque un corpo estraneo al tessuto sociale. Solo in un mondo in cui esiste il lavoro come lo intendiamo noi è possibile concepire l'idea del tempo libero, ossia di un tempo sottratto al giogo dell'occupazione. È infatti questo tempo ad essere considerato come quello dedicabile ad attività disinteressate, ossia sciolte da finalità che non siano il godere di loro stesse in quanto tali.

L'attività che oggi definiremmo artistica, quando non è ridotta ad essere un lavoro e il suo prodotto un oggetto di consumo, ossia quando è libera perché non eteronoma, viene appunto relegata al tempo non occupato. Essa è perlopiù, usando un altro termine molto caro ai nostri giorni, intrattenimento, ossia distrazione. Distrarsi è in genere il modo con cui un individuo, che identifica il lavoro come la forma di attività che lo impegna e lo definisce, dissipa il disavanzo di tempo che sta tra una sessione lavorativa e l'altra. È distrazione tanto la più banale attività ludica che la più elevata attività culturale, quando queste siano concepite come un modo di impegnare il tempo libero, in attesa di tornare alla propria reale occupazione. Esiste una parola anglosassone, particolarmente odiosa, che definisce l'attività senza valore che si consuma nel tempo della distrazione: *hobby*. L'arte, come esercizio o godimento, può trovare asilo solo in questo tempo insensato e insignificante.

Ridotta a intrattenimento, essa diviene ininfluente, come gran parte di ciò che chiamiamo cultura. Un mero divertimento o un vezzo, che nulla incide sulla realtà del processo sociale, il quale è deciso nei mercati, nei laboratori, nelle officine, ossia negli autentici luoghi metafisici del contemporaneo. Tradizionalmente non è mai esistita l'idea dell'arte per l'arte, che ovviamente può nascere solo in contrapposizione a quella di un'arte interessata o strumentale. Secondo il concetto tradizionale di arte, essa risiede più nel modo in cui qualcosa viene fatto, invece che nell'eventuale prodotto che ne scaturisce.

Tra la costruzione di una cattedrale, l'intarsio di un mobile e l'esecuzione di un canto liturgico, il denominatore comune è, tradizionalmente, l'idea che l'opera vada compiuta secondo il proprio modello canonico e nel migliore dei modi possibili. A rigore, potremmo dire che come nelle società tradizionali non esiste un tempo profano, perché l'anno è interamente organizzato su un calendario sacro, così non vi può essere attività che non sia di tipo artistico, perché l'etica della perfezione e della bellezza si ritiene debba informare qualsiasi iniziativa. Sulla scorta di questo principio, e considerando che la forma suprema d'arte è il rito, ossia l'azione sacra, è possibile affermare che ogni aspetto dell'esistenza di una società tradizionale possiede caratteristiche sacre e liturgiche.

In un ambiente in cui ogni oggetto è costruito per uno scopo ben preciso, ossia per essere utile e non superfluo, e che tutta l'attività produttiva è ordinata al bello e alla perfezione, non vi è necessità di creare oggetti la cui unica funzione sia puramente ornamentale, ossia quella di compensare lo squallore, l'insignificanza e la bruttezza di ciò che viene prodotto solo in vista dell'utilità. Le nostre case sono piene di oggetti inutili il cui unico scopo è null'altro che tentare di decorare e abbellire un ambiente che perlopiù abbiamo riempito di manufatti di origine industriale, il cui aspetto è gelido e avvilente.

L'idea di un'arte puramente decorativa, o potremmo dire d'arredo, sorge in concomitanza all'esigenza di restituire una qualche forma di umanità e capacità di accoglienza ad ambienti disumani e meccanici. L'arredo antico non aveva necessità di accessori o complementi semplicemente perché la casa antica era qualcosa di organico e completo in sé, e nella sua sobrietà non mancava mai di dignità e bellezza, perché tutto ciò che vi entrava veniva costruito da mani d'uomo che amavano il proprio lavoro e tentavano di eseguirlo nel modo migliore possibile. Per essere più chiari, sopra il mobile non vi era bisogno di alcun soprammobile, perché il mobile bastava a se stesso. Nessun oggetto, neppure il più modesto, era inutile o brutto, pertanto le forme di cui l'uomo si circondava non necessitavano di compensazione o riscatto, ed era possibile vivervi circondati senza inaridirsi o intossicarsi, ma anzi, nella loro prossimità, rinfrancandovi e rigenerandovi lo spirito.

Non diciamo che nel passato non sia esistita un'arte decorativa, ma che la decorazione non sussisteva distinta dall'utilità dell'oggetto che decorava, e che vi era talmente indissociabile da divenire parte integrante del medesimo, al punto che a un occhio moderno la cura decorativa dell'artigianato tradizionale, anche nelle sue espressioni più semplici, sembra qualcosa di enigmatico e bizzarro, tanto siamo abituati a pensare i due elementi, l'utile e il bello, come distinti. La decorazione tradizionale è organica e funzionale all'oggetto d'arte, così come il *design* industriale è artificiale e giustapposto al prodotto commerciale.

Va da sé che l'artigianato tradizionale in questo mondo non può esistere, se non come sopravvivenza folclorica o occupazione del *tempo libero,* ossia *hobby* o distrazione. Nel mercato contemporaneo, infatti, l'autentica produzione artigianale – in particolare per quanto riguarda gli oggetti di uso comune, che nelle società tradizionali erano pressoché il fulcro della produzione – non può competere con i processi di fabbricazione industriale.

La società di massa ha consumi di massa, a cui sopperiscono la produzione in serie e una rete di distribuzione dei beni capillare e uniforme.

Le sopravvivenze artigianali, dunque, sono relegate a occuparsi di beni di lusso, i quali possono compensare la scarsa produzione e i lunghi tempi di lavorazione con una richiesta di compenso adeguato, che solo nicchie di mercato specifico sono disposte a esborsare. Se questo permette ad alcune forme di artigianato di sopravvivere, tuttavia segna una condizione paradossale e tragica che denota, di fatto, la fine di ogni forma di artigianato nel suo significato autentico e specifico.

Per entrare nel circuito economico, il prodotto artigianale deve assecondarne le logiche e guadagnarsi la sua legittimazione commerciale. Abbiamo visto in precedenza che l'eteronomia del mercato è agli antipodi della genuina prassi artigianale. Sottomesso alla logica commerciale, l'oggetto d'arte diviene un diverso prodotto industriale, che si differenza dalla totalità di questi ultimi esclusivamente per questioni riguardanti *target* di *marketing*. L'economia tradizionale, basata sul modello della sussistenza e della distribuzione locale, era organica alla produzione artigianale: non ne decideva le logiche di produzione ma le assecondava e vi si adeguava naturalmente. Nella società della produzione industriale e dell'economia capitalistica e finanziaria l'artigianato tradizionale non può semplicemente esistere, perché la visione del mondo e dell'uomo che esso incorpora contraddice radicalmente le dinamiche del mondo all'interno di cui dovrebbe sussistere.

Se l'artigianato si piega alle dinamiche del mercato contemporaneo, non è più tale in quanto viola i propri presupposti di autonomia e autosufficienza; se non entra nel circuito economico, tuttavia, viene meno alla sua ragion d'essere, che non è quella del soddisfacimento del superfluo, ma dell'azione e produzione organiche e funzionali a bisogni concreti e legittimi.

L'opera autentica dell'uomo, la forma di attività più umana che vi sia, è così, infine, sottratta all'uomo medesimo, in una espressione suprema di alienazione il cui senso e dimensioni le moderne teorie critiche giungono appena a sfiorare.

5. Verità della post-verità

Tra i molti punti di vista da cui è possibile osservare l'arte contemporanea, vi è quello che predilige la distinzione tra prodotto commerciale e opera intellettuale, tra intrattenimento e cultura. Questa prospettiva ha il merito di evidenziare in maniera astratta due aspetti fondamentali dell'arte postmoderna: centralità del movente economico e frattura insanabile tra intellettuali e masse, che ormai non condividono più linguaggi e urgenze.

L'arte, in ogni epoca, ha espresso la civiltà di cui è stata figlia. L'attuale non fa eccezione, salvo che, come abbiamo visto trattando la questione del Postmoderno, nel momento attuale essa presenta caratteristiche specifiche irriducibili alle fasi precedenti.

Tra le varie prospettive da cui è possibile osservare il fenomeno, una a parer nostro è particolarmente significativa. Si tratta di quella a partire da cui emerge una distinzione tra un prodotto artistico di massa, espressione di una cultura popolare e di esigenze di mercato globale, e uno d'élite, destinato agli ambienti intellettuali e specialistici, così come ad un mercato di nicchia e a circuiti di diffusione e promozione ristretti ed esclusivi.

Non che i due domini non abbiamo zone in cui convergono e non accada che si contaminino vicendevolmente – si pensi ad esempio al cinema o alla musica d'autore – eppure gli intenti che li animano sono, perlomeno laddove sia possibile fare una distinzione più netta, chiaramente agli antipodi. Potremmo fare molti esempi, contrapponendo ad esempio la musica pop alla musica classica contemporanea, l'illustrazione commerciale alla pittura d'avanguardia, i *blockbusters* al cinema d'*essai* o sperimentale.

Da questo punto di vista, sembra che due aspetti fondamentali dell'arte postmoderna, di cui abbiamo parlato in precedenza, si separino in complessi distinti, analizzabili individualmente. Da una parte abbiamo la necessità di fornire prodotti di intrattenimento, tipica delle società industriali avanzate, dove il tempo libero dal lavoro viene occupato con varie forme di svago, utili ad alimentare ulteriormente il circuito economico con la richiesta inesauribile di beni destinati appositamente al mercato della distrazione. Dall'altra emerge l'aspetto più propriamente intellettuale, che riguarda il corrompersi della Verità oggettiva nei mille rivoli del soggettivismo moderno, il quale si abbina al dileguare di ogni stabile fondamento di senso; i due, combinandosi, hanno come effetto il moltiplicarsi indefinito dei linguaggi e dei significati, nel fenomeno inquietante che abbiamo definito post-verità. Il Postmoderno si mostra come un arco teso tra il mercato e il delirio.

Quando queste due istanze vengono confrontate come se fossero omogenee, nascono le infinite diatribe sulla commercialità di certi prodotti artistici, che vengono definiti privi di qualità intellettuali dai sostenitori della "cultura" – come se tali prodotti si proponessero di soddisfare richieste di senso articolate e fondamentali – o dell'incomprensibilità o indecifrabilità dell'arte contemporanea da parte del consumatore di suoni, immagini e linguaggi massificati finalizzati all'intrattenimento – come se uno dei principali moventi della prima non fosse appunto l'esibizione o la sperimentazione della rottura dei codici simbolici condivisi, o delle aporie e possibilità del linguaggio sottratto a qualsiasi forma di fondamento veritativo stabile e definito.

Da questo punto di vista l'arte postmoderna è, in entrambe le sue espressioni, manifestazione della verità della post-verità.

Questa affermazione è solo apparentemente ridondante: intendiamo affermare che, come qualsiasi espressione artistica genuina, anche l'arte postmoderna testimonia del vero e dell'autentico, salvo che lo fa in merito alla verità e all'autenticità proprie dell'epoca di cui è testimone.

Se nel Postmoderno la Verità dilegua nella post-verità, l'arte non può che esibire la verità di tale condizione paradossale: vera è, in altre parole, la fine della Verità. Il valore dell'arte post-moderna, la sua lezione insostituibile, è manifestare il vuoto di Verità in un'ultima e assurda forma di autenticità.

Qui sta la chiave di comprensione dell'aspetto sinistro, insano, destabilizzante, delle più riuscite espressioni dell'arte contemporanea. Quando l'arte postmoderna si approssima maggiormente a manifestare l'esperienza di verità che reca, essa esibisce un unico tema, che è quello della frattura insanabile, declinato nell'orizzonte di una coscienza nevrotica. Nevrosi è la cifra della Postmodernità. Scissione dell'unità in frammenti incompossibili, a cui assiste una soggettività che non può più ricomporne il mosaico, perché ne è dileguato il senso.

Questo aspetto, tuttavia, sarà visibile solo ed esclusivamente a coloro che serbano memoria, se non dell'esistenza, perlomeno della possibilità della Verità. Per l'uomo postmoderno, vale la pena ricordarlo, non vi è nessuna lacerazione. Egli abita lo spazio generato dalla frattura, per cui non ha alcuna percezione del latitare dell'unità infranta.

Nessun dramma si consuma nel suo orizzonte, nessun senso di perdita lo attanaglia, nessuna inquietudine lo consuma; egli è infatti il dramma, la perdita e l'inquietudine incarnate. In lui la nevrosi non è patologia, ma il suo stato ordinario, potremmo dire la sua salute. Questo spiega come non riconosca la bruttezza delle forme di cui si circonda e il delirio delle narrazioni a cui crede e si affida: egli stesso le secerne, sono il prodotto della sua fisiologia spirituale. Alle esigenze causali ed estetiche di quest'ultima esse sono perfettamente adeguate.

Per l'uomo residuale, per colui in cui ancora risuona l'appello del Senso, questo sopravvissuto tra le rovine, straniero in terra straniera e apolide della Verità, l'arte contemporanea serba un'occasione preziosa e irripetibile. Mostra in quali labirinti si smarrisca l'uomo quando recide le radici che lo sostengono, nella pretesa di poter rinunciare a ciò che lo definisce propriamente nella sua umanità. Libertà, Bellezza, Verità.

6. L'ombra di Zarathustra

Il grido di Zarathustra ancora echeggia nelle nostre piazze, ancora ci assorda. Non vorremmo ascoltarne l'orrido vangelo. Eppure, intimamente, abbiamo certezza che il messaggero reca notizia verace. Iddio, tuttavia, è l'Eterno, l'Immortale. Sorge dunque una domanda abissale: se Dio non può morire, cosa muore quando muore Iddio?

Muore nell'uomo la certezza che oltre la finitezza si stagli un assoluto. Muore la fede nell'eternità che consuma il tempo. Muore l'istinto del bene, la volontà di giustizia, la sete di bellezza. E con esse, nel cimitero dei cuori, la pietà che piega le ginocchia e arma lo spirito. In altre parole, muore il divino nell'uomo.

Zarathustra parla a sé di se stesso, e con lui l'uomo annuncia all'uomo la propria dipartita. Non vi è infatti umanità se non dove il cielo incontra la terra. Abitiamo, meri terrestri, sotto un cielo vuoto, e il sigillo della perdita è la follia di quel grido. Eppure, il profeta degli ultimi tempi, prima di sprofondare nel baratro della demenza, tragico destino di un'epoca, scordò di parlarci di quella figura nell'ombra che ascoltava Zarathustra, contrapponendo al grido dell'araldo del nulla un greve silenzio carico di presagi.

Vi è infatti, in tutte le piazze che annunciano la morte di Dio, qualcuno in disparte che reca la parola che attende di essere proferita, e tace. Convitato di pietra, muto come Zaccaria all'uscita dal Tempio. La fiamma che reca nel petto, Iddio vivente e immortale, la custodisce per il giorno che ha da venire.

Al crepuscolo le piazze chiassose si svuotano.

Editing a cura di Danilo Novajra

Grafica a cura di Moreno Padoan

www.ingramcontent.com/pod-product-compliance
Lightning Source LLC
Chambersburg PA
CBHW050725260726
48661CB00001B/65